知的生きかた文庫

超訳　こころに響く親鸞の言葉

境野勝悟

三笠書房

はじめに――いまこそ知りたい親鸞の言葉

親鸞（一一七三―一二六二）の修行が、まさに円熟した二十七歳の春だった。

新春のお祝いのため朝廷に出かけたその帰り道、比叡山の入り口のところで、ふと、若い女性に声をかけられた。

「わたくしも、この比叡山にお参りをしたいのです。どうか、ごいっしょに登らせてはいただけないでしょうか」

親鸞の呼吸が、止まった。はじめて接した、やさしくひろがる女性の声だった。

「この寺は女人禁制なので、女性は入れません」

と、静かにことわった。

その夜、親鸞は床についてからも、

「なぜ女性を差別して、寺への入山を許さないのか？　男女を問わず、あたたかい救いの手をさしのべるのが仏さまの慈悲ではなかったか？」

と悩みながら、一方であの女性の美しく艶（なま）めかしかった姿が、全身に迫った。

生気にあふれた女性のエネルギーが、親鸞を夕方の影のようにひきつけたのであろうか。いくら修行をしても、女性への欲望とあこがれが、くっついてくる。

ついに、二十九歳。親鸞は比叡山からの下山を決意。ややあって、九条兼実（くじょうかねざね）の娘であった玉日姫（たまひひめ）と、結婚した。

一瞬、世間は、騒然！　千年以上つづいた僧侶の結婚の禁制をぶち破ったのだ。怒り、憎しみ、不満……。罵り（ののし）のわめき声が、京の市井（しせい）にみるみるうちに火柱のように燃え上がった。そして……。

爆音でたたきのめされたようなさまざまな迫害を受けて、とうとう越後（新潟）へ流罪となる。三十五歳。

しかし、かれは一女性への光る愛は捨てなかった。しかも、どんな厳しい罰や憎しみを受けても、一切かかわらず、困っている人の悩みや苦しみをやわらげ、安らかに楽しく生きる知恵を、一僧侶として、九十歳の生涯を終えるまで、声をからして説きつづけた。

人間の生々しい本能を捨てず、他人の批判に傷つかず、自分の本質を失わずに、人の生きる道を説きつづけられた原動力！　親鸞の仏教哲学とは、いったい何か？

今日、インターネットの情報発信は、世界の世論まで、いとも簡単に動かしだした。個人の不用意な発言から、レベルの低いスキャンダルまで、ＳＮＳ上でちょっと公開されると、見ず知らずの無数の人からなじられ攻撃され、苦心して積み上げた人生を、突然崖から突き落とされるように失ってしまうという、恐ろしい時代となった。

いまこそ、どんな苛酷な人格攻撃を受けても、その危害が及ばない本質的で不動の生き方を、親鸞から学ぶときが、きた。

親鸞の念仏とは？　極楽とは、いったい？

境野勝悟

目次

第一章

光明とは何か？

「生きる道」を照らしてくれる親鸞の言葉

第二章

極楽はどこに？ 不安や怒りを静めてくれる親鸞の言葉

第三章

仏さまの力を教えてくれる親鸞の言葉

なぜ他力なのか？

第四章

善とは、悪とは？

〝悪人〟までも救ってくれる親鸞の言葉

第五章

一心に生きよ
日々を悠然と過ごすための親鸞の言葉

本文DTP/株式会社Sun Fuerza

第一章

光明とは何か？

「生きる道」を照らしてくれる親鸞の言葉

1

太陽さえあれば、心配無用

日月光をはなちて塵刹を照らす

（教行信証）

●「生きる」のに、もっとも大事なもの

まあ、なんと美しく、かわいらしい梅一輪！
真っ白で、赤ちゃんの指のような花びらの上に、太陽の光がのっている。
光があるから、花が、ある。光がなくなって闇になったら、花は、消える。
見えなくては、花は、ない。目だけでは、花は、咲かない。
光があるから、人生も、ある。いつも真っ暗の闇となったら、だれの生活もない。
太陽の光がなくなったら、子供たちの笑顔も、恋人のほほ笑みも見えないのだ。
光がなければ、すべての生物、動物の世界も、まったく活動できない。

日月光をはなちて塵刹を照らす

自分が生きていくのに、もっとも大事なものは、いったい何か？　親鸞は、それは太陽の光だ、といった。太陽が、この地球のすみずみまで輝き、チリのような小さな虫や、なずなのように小さな花にもふりそそいで、生命を守り育てている。

2

けっして一人ぼっちじゃない

一々光明遍照(いちいちこうみょうへんじょう)

(観無量寿経(かんむりょうじゅきょう))

●「すぐ隣り」にたくさんの人たちがいる

いつの日か、自分一人のさびしい世界に落ちた。
真っ暗で、つらくて、涙がこぼれそうになってしまう。
けっして、一人ぼっちではないのに……。まわりに、友が、たくさんいるのに……。
わたしたちは、あまりにも自分中心すぎる心の闇に入って、視力を失う。
闇から出るには、どうしたらいいか？　闇を破れ！
闇を破るには、どうしたらいいか？　光だ！　光だ！　光が心を照らせば、いい。

一々光明遍照

心の闇に、光が、パッと輝く。何もかも、よく、広く見えてくる。
一人ぼっちだと思っていたのは勘違い。すぐ隣りに、たくさんの人がちゃんと生きている。その姿が、光で見えた。「一々」、つまり、人間一人ひとりに、光明がふりそそいでいる。親鸞は、毎日、光に当たって生きている自分を喜べ！　と説く。

3

大事なのは、自由より光だ

光明は知恵なり

（一念多念文意）

●心配と不安で毎日が埋まってしまったら

どうしたら、自分の人生を、心豊かに過ごせるのだろう？

おカネさえあれば、心豊かになる……。

たしかに、おカネを持っている人で、心豊かな人は、いる。

が、その人の心豊かさは、おカネがあるからでは、ない。たとえ、おカネがなくても、その人は、心豊かな人なのだ。

心が豊かであるとは、心が明るい人なのだ。心が明るい人は、現実がよーく見える。よく見えれば、どう行動したらいいのか、すぐ知恵が浮かんでくる。

光明は知恵なり

親鸞は、いう。光があれば明るくなる。明るい心は、知恵を生む。光明から湧いた知恵は山積みの苦しみを、サーッと消す。悩みさえなければ、いつも楽しい生活ができる。心配と不安に埋まって、心が真っ暗になったら光だ。自由よりも、光だ。

4

苦しかったら空を見上げる

無礙(むげ)の光明

（教行信証）

●長いトンネルから抜け出す方法

トンネルに、電気がない。真っ暗だ。長い長いトンネルの闇。

いったい、どう進んでいったらいいのか？

パッとスイッチが入る。照明で闇が消える。楽しくトンネルを歩いていける。

毎日、走りつづけて、心が疲れ切って、心の中が、悩みで暗黒だ。

そのとき、思い切って空を見る。流れる雲をしみじみと、眺める。あっ、光だ。太陽の光が舞い上がるように白雲をつつみ込む。いままでまったく気づかなかった光の尊さ！　ありがとうと感謝した短い一つの瞬間！　心がほんのり和(やわ)らぐ。

無礙の光明

「無礙」とは、自由自在である。親鸞は、もし太陽の光や宇宙のいのちの尊さに気がつくと、何ものにもとらわれないで、自由自在に生きていける知恵が噴き出てくる、と説く。人は、あまりにも偉大な光の価値を知らない。

5

心の隙間を知恵で満たす

無明の闇を破する慧日

（教行信証）

●わたしたちは、まじめに働くだけでいいのか？

人生を、ギリギリにまで、追いつめていくと、結局は、生きるためには、食べる、食べるためには、働く……と、なる。

そのため、限りなく、どう働いたら利益が上がるか、まさに、そのことだけを中心に、人生を考えることになる。

が、一生を通して、明るく幸福に生きるには、まじめに働くだけでよかったか？

世間にばかりしがみついて生きていると、いくら働いても、思うようになったり、ならなかったり……。心の隙間は満たされず、悩みばかりで、心が曇る。

無明の闇を破する慧日

「無明の闇」とは、真っ暗の闇。「破する」とは、パッと明るくなる。「慧日」とは、どんな不愉快な気持ちも、さっと消えてしまう太陽のような知恵の光。親鸞は、知恵は宇宙の光から生じてくるもので、人の心を平和にするエネルギーだ、と説く。

6

あなたは常に、守られている

心光常護（しんこうじょうご）

（教行信証）

●弱音を吐けなかった自分を変えてくれた言葉

弱音が、吐けなかった。弱音を吐くのが、苦手だった。
なんでも、一人で抱え込んでしまった。自分が困っていることを明かせなかった。
でも、いくらがんばったところで、自分だけでは対処できなかった。
人に頼むと、自分の質が落ちてしまう。そんなバカなことを考えていた。
ある日、生徒指導で悩んでいるわたしの肩を、ポンとたたいてくれた先輩が、いた。
「きみ、きのうの生徒の問題だが、こう指導すればいいんだよ」
先輩はボロボロになりそうなわたしの考え方の不備を、笑いながら改めてくれた。

心光常護

太陽は、どこでもいつでも、仕事がうまくいっている人も、つまずいている人でもおかまいなく生きる光を与え、みんなの生活を守っている。人は、だれでも、一人ぼっちじゃない。太陽の光にしっかり守ってもらって、同じ生命を生きている。

7

人生を楽しまないのは、恥ずべきこと

快(たの)しまざることを、恥づべし

（教行信証）

●自分を大切にする、とはこういうこと

個人を大切にする。自分の考えを、大切にする。

個人主義は、一人ひとりの人間の価値や権利を尊く思ってくれる。すばらしい！

自分の夢を、自分で描く。自分の目標を、はっきり持って実行する。

人生にとって、いちばん大事なことは、その自分の夢や希望を、やり抜く力だ。

大いに、よろしい主義である。が、あまり、自分、自分と、自分の世界ばかりにとじこもってしまうと、まわりに、たくさんの人がいるのが、見えなくなる。

自分一人のことしか、見えない。孤独の闇に、いつの間にか、もぐり込む。

快しまざることを、恥づべし

自分を大切にするとは、自分の考えを大切にすることではない。自分が幸福になることだ。孤立しないで、みんなとともに極く楽しく生きることだ。親鸞は、たった一度の人生を楽しまないのは、もっとも恥ずべきことだ……と。

8

いちいち理由なんて、必要ない

難思（なんじ）の弘誓（ぐぜい）

（教行信証）

●こうすれば、いい知恵がどんどん湧く

いままで、いろんな社会のワクにはまって、生きてきた。常識を守って、こざかしく、小さくまとまって、生きてきた。が、坐禅をくんでいるうち、ちっぽけな自分をプイとはみ出してしまうような、でっかい力が自分の中で働いていることが、わかるようになった。

いままでは、いつも自分の体のどこかが固くなっているような気分がとれなかった。自由な動作ができない。まことに窮屈な毎日だった。が、自分の体の中にもう一つ別の生命のようなものを発見すると、とたんに、伸び伸びした自分になった。

すると、どんどんよい知恵が、湧いてくるようになった。なぜか？　わからん。

難思の弘誓

親鸞は、「難思」、つまりいくら考えたって、わからんが、宇宙には、みんなを幸福に導く知恵を与える不思議な力があって、波のように打ち寄せてくる、という。

9

大船に乗ったつもりで生きればいい

難度海を度する大船

（教行信証）

●「ありがたい！」と思ったとたん、人生に安心感が生まれる

世の中は、ひっきりなしに、波が、立っている。

ときどき、狂ったような荒海が、襲いかかってくる。

小さい船だと、すぐ、ひっくり返ってしまう。が、大船なら、びくともしない。

どこかに、安全無事な大きな船はないのだろうか？

親鸞は、「大きな船があるよ」と、呼ぶ。それは、宇宙という大船だ……と。

わたしたちは、宇宙のいのちを生きている。わたしは、宇宙の一粒である。宇宙とわたしが、ふと心をつないで生きはじめたとき、安全な大船が自分の中に現れる。

難度海を度する大船

わたしだけで、自分だけで、生きていると思っていると、いつか、沈む。ふと、「わたしは自分だけの力ではなく、宇宙の生命の力によってこそ、いま、生きている。ありがたい！」と思ったとたん、大船に乗った安心感が湧き、知恵を授かる。

10

安心して苦労せよ

苦悩の群萌(ぐんもう)

(教行信証)

●悩んでも、心配しても、明るくいられるコツ

「きみはどうして、先のことをあれこれ考えて、よけいなことを心配するんだ」

「きみはどうして、そんなささいなことを気にして、心配ばかりするんだ」

若いときから、わたしは、とんでもない苦労性だった。けっこう、楽しそうには振る舞っていながら、いつも学校に行きたくないような悩みのどん底にいた。

いま、しみじみ考えると、極端に苦労性だったからこそ、二十三歳から、今日まで、ずーっと坐禅がくめたのかもしれない。

いまやっと、悩んでも、心配しても、ちょっと経てば明るくなれるコツをつかんだ。

苦悩の群萌

「群萌」の「群」とは、たくさん集まっていること。「萌」は、木の芽が生えてくること。つまり、親鸞は、こういうのだ。苦しみや悩みは、いやなことかもしれないが、実は、その中から、明るく楽しく生きる知恵が、どんどん生えてくるんだよ……と。

11

自分も、他人も、変えなくていい

うしなわずして善になすなり

（唯信鈔文意）

●お互いに違ったままでも手を取り合える

自分と違う価値観の人に出会うと、ショックを受けたり、不快になったり……。その人と長く付き合っていかなくてはならない……。そうなると、いつの間にか、この人の考え方や価値観を変えてみたくなる。いや、変えようとする。

が、人の価値観は、絶対といってもいいほど、なかなか変えられない。

あっ、そうか。この人とうまく付き合っていくには、こちらの価値観や考え方を相手に合わせて、変えれば、いい。この人に対応していくには、自分を変える！

が、どっこい、自分の価値観だって、絶対に変えられないだろう。

うしなわずして善になすなり

親鸞は、自分の価値観は捨てなくてもいい！　と、いう。いつでも、いま人間として生きることに感謝し念仏をしていると、自分と違う価値観の人に会っても、けっして不愉快にならず、自分も変えず、相手からたくさん学べるようになるよ……と。

12

あなたは常に、満たされている

親鸞一人のためなりけり

（歎異抄）

●こんなふうに考えてみないか

暑い夏の日ざかり、のどがカラカラになって、水を飲む。ゴックン……。そのとき、あっ、こんなにうまい水を、みんなも、飲んでいるのだ、と思ったことは、ない。うまい水を飲んで、「あっ、うまい!」と喜んでいるのは自分だけだった。腹が、ペコペコになったとき、牛の肉を焼き、たれをつけて、いただく。食べているのは、この世で、自分だけのように思って、大満足。海へ行って、うまい空気を胸いっぱいに吸う。あっ、自分のために、空気がある。静かに考えると、日々の暮らしを支えてくれる大生命は、みな自分のため!

親鸞一人のためなりけり

空気もふくめ、水もふくめ、光もふくめて、宇宙の生命は、わたしを産み、育てるため、ふんだんに尊い力を与えている。そのすごい力、でっかい宇宙の生命力は、みんな「あなた一人」のために働いている……。と、親鸞は、説く。

13

これといった修行は必要ない

利益(りやく)して安楽ならしめん

（教行信証）

●感謝が心を活性化する

いくら、グッスリ眠っても、生きる意欲が、向上していかない。そんなとき……。目には見えないが、宇宙や大自然に感謝すると、心にエネルギーが出る。太陽にでも、よい。心から感謝すると、心が好ましい方向に、変化する。その心の変化は、自分の力によらない。宇宙の生命力が、そうしてくれるのだ……と、親鸞は、力説する。

感謝すると、心をよい方向へ向けてくれる。これこそ、まことに不思議ではあるが、宇宙の生命の意志だと、親鸞は、体験によって、つかむ。

利益して安楽ならしめん

ナムアミダブツ（永遠なる宇宙の生命よ！　ありがとう）。こういって感謝すると、別にこれといった修行は何もしなくても、宇宙の生命が、あなたに、あれこれと利益を与え、あなたの日常生活の心を、穏やかに楽しく豊かにしてくれるよ……と。

14

偉大なる力を信じる

真実の浄信（じょうしん）、億劫（おくこう）にもえがたし

（教行信証）

●このとき、心に思いやり、美しさ、幸福感、自信が湧く

人の力は、考えられても、宇宙の力は、まるで考えたこともない。

人の言葉は、信じられても、言葉のない宇宙の力には、無関心！

が、自分がこうして生活しているのは、けっして、自分の力だけではない。宇宙の偉大なるたくさんの力をもらって、生きてきたのだ。「ありがとう」と、宇宙の生命力の偉大なることを信じ感謝すると、自分の心の中に「思いやり」「美しさ」「幸福感」「自信」が湧く。自分の生き方を貫けるようになってくる。

他人を気にして、自分と他人を比べて、ビクビク一喜一憂しなくなるのだ。

真実の浄信、億劫にもえがたし

宇宙の生命に感謝して生きると、人間の比較の価値は、まったく意味を持たなくなる。自由自在になる。これは宇宙の生命の当たり前の現象なのに、いくら説いても、宇宙に感謝できる人は、実は一億年に一人もいない。それほど、難しい……と。

15

見えている世界がすべてではない

疑網に覆蔽せられ、曠劫を径歴せん

（教行信証）

●ラジオ波も、インターネット波も、見えないけれど……

人間の目というものは、ほんの限られた波長しか見えない。

しかし、人間の目に見えないものは、自然界にいくらでも存在しているのだ。

それなのに、ほとんどの人が「見えている世界」だけがすべてと思い込んでいる。

しかし、もしテレビ波が目に見えたら、すごいことになってしまうだろう。

テレビ局から出発したテレビ波は、厚いコンクリートの壁を、サッサッといくつもいくつも、あっという間にすり抜けて、自分のテレビまでやってきて、映像となる。

ラジオ波も、インターネット波も、見えないけれど、みな宇宙の生命の一つだ。

疑網に覆蔽せられ、曠劫を径歴せん

人体に働いている宇宙の生命も、目には見えないから、とらえられない。修行によって感じる他ない。見えないから、そんなものはあるはずがないと疑われて、宇宙の生命の尊さなど、人々からすっかり忘れられている。いまも昔も……。

16

光に感謝する

阿弥陀仏(あみだぶつ)は光明なり

（一念多念文意）

●リンゴがなぜリンゴとわかるのか？

いま、目の前にリンゴがころがっている。それを、なぜ、リンゴとわかるか？まず、目はリンゴの赤色を見る。つぎに、形を見て、あっリンゴだと判断できる。人の目は、まず色を見て、つぎに形を見て、リンゴとわかる。

梨なら、まず、うすい黄色が目に入る。つぎに、形を見て梨だと判断する。リンゴと梨の形は、ほとんど同じだ。が、まず色を見るから、違いがわかる。リンゴを見て、きちんとリンゴだとわかるまで、〇・一秒から〇・五秒かかる。じゃ、この見るという力は、いったいなんの力なのだろう。人間の力なのか。

阿弥陀仏は光明なり

目は単に目という臓器にすぎない。目は宇宙空間にびゅんびゅん飛んでいる光（フォトン）を受けとって、リンゴの赤がわかり、リンゴの形がわかる。親鸞は、アミダ仏は、光だといっている。光でリンゴと梨がわかる。

17

心の中に光をともす

心光摂護（しょうご）

（教行信証）

●目があっても光がなければ道は見えない

道に迷って、時間をとられた。日が、とっぷり暮れ切った。

月も、星もなかった。懐中電灯で道を照らして、ヤビツ峠を目指した。

突然、電池がなくなって、パタッと消えた。両側から、うっそうと大木におおわれた細い道……。なんにも、見えない。進めない。歩けない。もう、ダメか？

両手両足を地につけて、手さぐりでもがくように進んだ。たった一キロ……。でも、いのちがけだった。ヤビツ峠についたとたん、伊勢原の町あかりが見えた。

それまで、自分は自分の目だけでものを見ていると思っていた。

そのとき、はじめて、光がないと見えないということを、しみじみと知った。

心光摂護

「心光」とは宇宙の無限の生命の光だ。人は人だけの力では生きられない。鋭い科学的な見方が一般的になった今日、はじめて、宇宙の光の恩恵は、だれもが、うなずける。

18

誰も、何も、根っこは同じ

禅定力不可思議(ぜんじょうりきふかしぎ)

(教行信証)

●すべての生命はつながっている

坐禅をくみはじめた、二十三歳のころ、生まれてはじめて、禅問答に出会った。

「片手の音を、聞いてこい！」

え！　片手を打って音がするのか？　そうだ。その音を聞いてくるんだ！

両手を打てばパチンと音がする。が、片手で音がするのか？　その音を聞け！　と。
二、三年、夢中になって、坐禅していると、片手の音を聞くことができた。
いろいろな禅問答を、二十年も解いた。

その結果、いったい、何を悟ったのか？　「天地同根・万物一体」だ。天地同根とは、宇宙のあらゆる生命の根っこは、同じ。万物一体も、すべての生命は一つ。

禅定力不可思議

坐禅をつづけていると、宇宙の無限の生命と自分の生命が結びついているとわかる。

親鸞は、禅定力で、みなが一つの生命でつながって生きていることを自覚せよ！　と。

19

感謝には愛が返ってくる

往相廻向（おうそうえこう）

（教行信証）

●愛される人がいつも口にする五文字

「ありがとう！」

丁寧にそう感謝されると、自分に余裕ができて、とても穏やかになる。

そして、その人の面倒を見てさしあげたい、その人をお守りしたい、と思う。

とくに、子供から、「ありがとう」とニコニコしながらいわれたら、だれもが、急にかわいく愛しくなってしまう。

宇宙の生命の意志も、まったく、同質なのである。「ありがとう」の働きは目には見えないが、とても不思議な、暗黒をパッと明るくする宇宙の波動なのだ。

往相廻向

「往相」とは、ありがとうと宇宙の生命に感謝をささげること。「廻向」とは、その感謝の心を受け、こんどは宇宙が、その人をよく育み守ってくれること。親鸞は、宇宙の「往相廻向」の波動を、生涯をかけて荒波が岸壁にぶつかるように力強く説く。

第二章

極楽はどこに？

不安や怒りを静めてくれる親鸞の言葉

20

極楽は、自分の中にある

功徳は行者の身に満てり

（高僧和讃）

●ここに気づけば、あっという間に人生は好転する

宇宙船が、ポンと打ち上げられて、大空のかなたを、グルグルめぐっている。

こんな時代になっても、まだ、西空のほうに「極楽」があるなんて思っては、困る。

じゃ、極楽は、どこに、あるんだ？　さあ！　どこだと思う？

極楽は、自分の生命の中にある。あなたのいのちの働きの中に極楽が、ある。

そんなことをいったら、かえって信じられないかもしれない。が……。

コーヒーを飲んで、あっ、おいしい。ビフテキを食べて、うまい！　アニメの映画を見て、楽しい！　パチパチ、ゲームをして、友と語る。恋をする。

功徳は行者の身に満てり

幸福な、楽しい心を生んでくれる能力（功徳）は、日常生活を行動しているみんなの体いっぱいに、満ちあふれている。自分の体にそなわった七、八十年の生活の力を、しみじみ、よーく味わい発見し感謝すると、あっという間に、人生は極楽となる。

21

苦しまず、ごく楽に生きよ

もろもろの楽しみを受く

（阿弥陀経）

●今日一日を楽しく穏やかに生きる心持ち

極楽とは、いったい、何か？

西方に極楽という浄土（仏のおられる世界）がある？　この世を去るとき……。それを信じて、極楽浄土へ行くため、一心に念仏する……。それも、いい。が、極楽浄土とは、実は自分が今日一日を楽しく穏やかに生きる心持ちなのだ。阿弥陀経には、「もろもろの苦しみあることなく、ただもろもろの楽しみを受けて生きる」とある。つまり、苦しまないで、楽しく生きよう……と。阿弥陀経では、「ゆえに、極楽と名づく」と。つまり現世を極く楽に生きよう、と説く。

もろもろの楽しみを受く

念仏を一心に唱えていると、ふと、楽しく生きる知恵が湧いてくる。苦しまないで、ごくラクに生きるコツがわかる。ナムアミダブツと唱えていると、不思議に苦しい気持ちが消え、楽しい穏やかな心に変わるのだ。

22

一人で生きようとすると、地獄になる

愚鈍（ぐどん）ゆきやすき捷径（しょうけい）なり

（教行信証（きょうぎょうしんしょう））

●どうにもならないときは、仏さまに一切をゆだねてみる

けっして人に迷惑をかけるのはよそう！　なんでも自分の力でやろう！　若いころ、そんな思いで、なんでも自分で抱え込んでしまった。が、だんだん自分だけでは、どうすることもできないことが、身近に起こってきた。でも、「やっぱり自分だけでやろう！」と、強い責任感を持ちつづけているうちに、はたと、心のバランスを崩し、行き場のない苦しい毎日となった。やりきれなくなって、奈良へ飛んでいって、好きなアミダ像に手を合わせた。

愚鈍ゆきやすき捷径なり

あのとき「一切を仏さまにゆだねよう！」、そんな気持ちになった。なんでも自分の力だけではできない。自然にも人にも支えてもらって生きていこう。親鸞は、頭もよくなくて行動力もない人こそ、ナムアミダブツと唱え、仏さまに支えられて生きれば、安らかな心がすぐ手に入るよ、と説く。愚鈍な人ほど近道である。

23

心が乱れたら、即合掌

さはり多きに徳多し

（高僧和讃）

●不平不満が心の健康をくるわせる

テレビのスイッチを入れる。見たことのない若い俳優だ。
「下手だな。演技力が足りないな」
と、すぐ、自分が若いころ見た名優と比べては、グズグズ文句や批判が出る。
自分の好みに合わないと、すぐ「ダメだ」と感じて、アドバイスしたくなる。
面白くない。ダメだ。許せない気持ちを放っておくと、健康までくるってくる。
そんなとき、親鸞の教えのとおり、心で合掌して、「ナムアミダブツ」と感謝！
と、あら不思議！　その俳優さんの演技のすばらしさが、見えはじめてくる。

さはり多きに徳多し

すぐ批判が出て面白くないと思うのは、心の健康にとって大きな障り(さわり)だ。が、その都度「ナムアミダブツ」と感謝の心を起こすと、罵倒して人を傷つけることなく、みんなを、見守り育ててあげたい気分になる。

24

文句は人生から楽しみを奪い去る

よろずの楽しみ常に

（唯信鈔文意）

●「楽しい生活」の基本

あんたは、どうして、わたしのいうことを「ハイ」といって、聞けないいんだ。お前さんの考え方は、ぜんぜん、いけない！　間違いだらけだ！　まったく、けしからん。いったい、世の中は、どうなっているんだ！と、文句と理屈ばかりこねて、不愉快に腹ばかり立てていると、すごく損をする。わたしたちの心の底の快い楽しい感情は、怒りや不平で、働けなくなってしまう。が、「ありがとう」という感謝の気持ちを大切にしていると、自分の奥のほうに隠れていた喜びと燃え立つ感情が湧き上がってきて、日常生活が実ってくる。

よろずの楽しみ常に

すべての人の苦しみや悩みを少なくして、みんなが楽しい生活ができるように、それを実現するのが念仏である。それは、宇宙の生命の本願であるから……。もし念仏するのがいやな人は、宇宙の生命の尊さに感謝すれば、日常がいつも明るくなる。

25

心配しながら明るく生きる

自然(じねん)とは、もとよりしからしむる

（末燈鈔(まっとうしょう)）

●上手にあきらめることで前に進む

心配のない人生が、すばらしいわけではない。生きている人は、だれもが、よろこんだり、悩んだり、心配したりしながら、暮らしている。

外から見て、あの人は、心配など一つもないと思っても、そうではない。

心配は、だれでもしている。ただ、心配して暗く暮らすか？　明るく暮らすか？

心配するのは自分がダメだからじゃない。心配しながら、明るく生きれば、いい。

心配したら、合掌して「ナムアミダブツ」と唱え仏の力に頼むことだ。すると仏さまが「いくら心配しても、すべてはなるようにしかならないよ」と教えてくれる。

つらい心配の気持ちが、「あるがまま」を受け入れられる安心に変化する。

自然とは、もとよりしからしむる

一切は、自然の力で活動している。心配はしても、すぐ、人はみな、もとからそうなっているとあきらめる。また心配！　またあきらめて、おしみなく心が実っていく。

26

細く、長く、息を吐いてみる

一心しずまりがたし

(黒谷上人語燈録)

●揺れ動く心のいちばん簡単な静め方

坐禅をはじめたころ、師匠から、呼吸をなるべく、細く長くできたらいい……と。最初は、うまくいかなかったが、長く息が吐けるようになると一日が楽になった。玉川病院の坂田隆夫先生のご研究によると、「長生き呼吸によって、まず呼吸筋が鍛えられ、横隔膜を大きく上下に動かせるようになると、体内に酸素を充分に取り入れることができ、イライラやストレスを感じることがなくなる」……と。

ナムアミダブツ、ナムアミダブツ、ナムアミダブツ……と、十回唱える。すると、心がスーッとする。「長生き呼吸」によって、自律神経が整ってくる……。

一心しずまりがたし

心というものは、つぎからつぎへ、コロコロ、コロコロ。心配したり、悩んだり、恨んだり、やきもちを焼いたり……。親鸞は、生命に感謝し、念仏を唱えると、極く楽に穏やかに生きられる、と説く。この教えはまことに簡単だが、深い。

27

今日も、明日も、恵まれている

阿弥陀仏(あみだぶつ)の薬をつねに好みめす身

(末燈鈔)

●忙しい中でも、静かに一人の時間をつくって――

あなたが、仏さまだ。えっ、違う！　わたしは、田中というもんだ。

あなたが、阿弥陀さまだ。えっ、そんなこと考えたこともない！

じゃ、どうだろう。あなたの生命は、宇宙や自然の力をかりて生きているんだよ！

冗談じゃない。わたしは、わたしの力で、努力を重ねて生きているんだ！

わかった！　じゃ、どうだろう。人はだれでも、太陽の光と空気と水の力で生きているんだよ。と、忙しい中でも、静かに一人の時間をつくって、感じてみる。

仏とは太陽のこと。水と空気は如来(にょらい)のことだ。あなたの生命活動は、仏と如来だ。

阿弥陀仏の薬をつねに好みめす身

太陽の光、空気や水ばかりではない。お米もパンも牛肉も豚肉も、いわしも、さんまも、みんな阿弥陀仏（天地自然・宇宙の永遠の生命・大自然）の薬のような恵み！

あなたは、その恵みの力で満ちあふれて、今日も、明日も、生きている。

28

生き仏が、すぐそこにいる

仏に成りたまいて御名(みな)を申す

(唯信鈔文意)

●これが親鸞の「信心」の世界

仏さまに会いたい！

高野山に行ったら、会えるだろうか。比叡山に行ったら、会えるだろうか。

長野の善光寺に行ったら会えるだろうか。中国の五台山（ごだいさん）に行ったら、会えるか？

京都へ行っても、奈良へ行っても、生きている仏さまには、なかなか会えない！

ふと、仏像めぐりの旅の終わりに、まわり道をして、故郷へ立ち寄った。

おばあちゃんが、仏壇の前で、静かに手を合わせ、念仏をしている。

いたっ！　ここに生きている仏さまが、いらっしゃった！

仏に成りたまいて御名を申す

ナムアミダブツ（御名）と念仏しているとき、人は、みな仏になっている。念仏をしているときは、自分が仏さまなのである。これが、親鸞の信心の世界である。一心に念仏をしているおばあちゃんの心の中には、苦悩がない。そこに、仏がいる。

29

呼吸と一体になる

如来大悲廻向の利益（にょらいだいひえこうのりやく）

（教行信証）

●思わぬ「心のご利益」がもたらされるとき

坐禅をしながら、手をかえ品をかえて、なんとか悟りの世界を獲得しようとした。背筋をビシッと伸ばしてみた。あごをグッと引いてみた。下腹に力を入れてみた。いや、そんな工夫はしないほうがいい。もっと、自然にゆったりと坐ればいい……。一年、二年、とにかく呼吸を整え、呼吸と一体になろうと、集中していった。三年経ったころ、不安な気持ちが、だんだんなくなってきた。不愉快だった人たちと、楽しく話せるようになった。異性への興味が湧いて、ウキウキ明るくなった。

如来大悲廻向の利益

如来とは、宇宙の生命（坐禅では呼吸を通して宇宙の力を発見する）。大悲とは、思いやり、廻向とは、方向を変えること。親鸞は、念仏に集中することによって、宇宙の生命に感謝すると、如来がその人の心を思いやって、安心して生活する知恵を自然に与えてくれるよ……と。思わぬ心の利益が、感動の一日にしてくれる。

30

心をけがしてはいけない

煩悩（ぼんのう）にくるわされるな

（末燈鈔）

●この三つの「心のわずらい」に注意せよ

坐禅とは、体で唱える念仏
念仏とは、口で坐わる坐禅……（山田無文）

ちょっと、何をいっているのかわからないかもしれない。要は、念仏と坐禅は、まったく同じ修行だ、と、いっている。

じゃ、この二つの修行は、どんな自分に成長するためにするのか？

煩悩にくるわされないためだ。ところで、煩悩って、何？

まず、いくらあっても、足りない足りないとむさぼる心。つぎに、面白くないと、すぐ、ガーッと怒る心。最後は、善悪ばかりにこだわるバカげたおろかな心。

煩悩にくるわされるな

親鸞は、いう。この三つの心でわずらい悩んで生活すると、一日は地獄。この三つの心のけがれをとって、感謝して穏やかに生活すれば、一日が、極楽になる。

31

五分だけ念仏を唱えてみる

恵むに真実の利をもってせん

（浄土文類聚鈔）

●どうしてもやる気が起こらないときは――

坐禅をくむ。呼吸に集中する。呼吸に一心になりきっていく。

すると、だんだん、呼吸は、宇宙の見えない力で活動していることが、わかる。

そのとき、なんとなく自分が宇宙とつながっている実感を、得る。

そうなっても、妄想がまったく消えるわけじゃない。坐禅をやめれば、すぐ、妄想は湧いてくる。ただイライラする妄想は消えて、楽しく安らかな妄想が、生じてくる。

ものごとの考え方が、穏やかになって、人生の見方が変わってくる。

自分のやりたいこと、好きなことが、ハッキリしてくる。

恵むに真実の利をもってせん

どうしても、やりたくない、やる気が起こらない。でも、ちょっとガマンして、五分だけ念仏に集中する。たった五分だけで、仕事に入っていくモードになれる。念仏の恵みは死後ではない。今日の生活に、真実の利益をもたらす……。坐禅と同じだ。

32

ナムアミダブツと唱えるだけでいい

喜ぶ心のきわまりなし

（一念多念文意）

●極楽を「現世」に求める

若いころから、坐禅をくんでいる。はじめのころは、ガマンの連続。でも、いまは、大好きな時間となっている。いつも、生きる喜びが湧いてくる。

ただし、坐禅は、時間がかかった。毎日、一時間。あるときは、二時間。接心（昼となく夜となく不断に坐禅をする修行）は僧堂では七日間行なうのだから、大変だ。三十代の半ばごろ、静岡の石雲院で、まる一か月、一人で接心の坐禅をした。長い！

親鸞は、ただナムアミダブツという名号を唱えることによって、厳しい坐禅やむつかしい経典など読まずに、老いも若きも、男も女も、幼い子供にまでも、安心して喜んで生きる知恵と力が与えられる、と説く。まず五分……。いや、たった十念……。

喜ぶ心のきわまりなし

毎日を苦しみ悩んでいた人が、念仏によって、明るい心で生活するようになる。死者を弔って供養する心は、本来、念仏にはなかった。極楽は、あくまで現世……。

33

安穏無事こそ最高の幸福

馬・牛の行き交う道なし

（方丈記／鴨長明）

●生き地獄とは？

もともと、極楽は今日一日を極く楽に、穏やかに生きるすばらしい知恵であった。

しかし、親鸞が生活した鎌倉時代は、なんの職もなく、飢えて死ぬ人が、道ばたに山と積まれ、それを片づける力を持った人もいなかった。

あちこちに、死者の悪臭が満ち、その変容していく姿は、目も当てられない！

馬・牛の行き交う道なし

これは、方丈記の一文である。鴨長明（一一五五―一二一六）は、厄災に苦しみ、地獄のような生活をしなければならなかった様相を、描き残した。賀茂川の河原の両岸には、上流から下流まで死体が山と積まれ、賀茂川の水を飲みにやってきた馬や牛たちが、通る道もなく、立ち止まっていた……と。

こんな悲惨な世の中に生きている人たちに、毎日を「極く楽に」生活する仏の道を説きつづけたが、だれも耳を貸さなかった。

34

わたしたちは、ちっぽけな存在

皆、石・瓦(かわら)・礫(つぶて)のごときなり

（唯信鈔文意）

●生き苦しむ人々への親鸞の思い

親鸞は、わたしの教えは、生きているときに大満足して生活する教えだ……と説く。これを親鸞は、「不体失往生（ふたいしつおうじょう）」といった。「不体失」とは、体を失わない、という意味。つまり、生きているときに……ということだ。

「往生」とは、生まれ変わること。苦悩する心から解放されて、安らかに満足して、「極く楽に」生活できるような人格に生まれ変わることをいう。

往生するのは、死後ではない。現実に、この体が生きているときにするのだ。

皆、石・瓦・礫のごときなり

親鸞は、「不体失往生」をハッキリ主張した。が、当時は、貴族や武将たちだけが富を手にし、大衆は、瓦のかけらや礫のように無価値にあつかわれた。親鸞は、熱湯の噴き上がる地獄で泣きさけぶ大衆に、「苦しくても、ガマンしよう！　死んだら極楽という安楽国へ行ける！」と、血を吐く思いで、死後の安楽をさけぶことになる。

35

誰もが、必ず、救われる

西方浄土安楽国極楽

（仏説阿弥陀経）

●修行も、説教も、必要ない

宝石がピカピカ光っているような夕空の西の彼方(かなた)に、清らかで、安らかで、楽しい国、極楽が、ある。

あなたがこの世を去るとき、胸もとに手を合わせてナムアミダブツと十回念仏すると、仏教のなんの修行をしなくても、一度も説教を聞かなくても、あなたは必ず安らかで楽しい極楽へ行ける。死に向かう苦しい人の心に、静かに美しい花が咲く。

西方浄土安楽国極楽

捨てられた子を、シッカと抱き抱えているような、親鸞のあたたかく広大な心だ。

親鸞は、「不体失往生」、生きているうちに極楽に行こう！　と明言した。が、現実の悲惨な様相をいたく嘆いて「体失往生」、体を失って死んでも、念仏によって極楽往生をとげられると教導した親鸞！　貧しさのため苛立つこともできず、ただ涙の底に沈む大衆に、生きても死んでも極楽だ！　と臨終までさけびつづける。

36

それでも明日に夢を持つ

総(そう)に是れ吾が己身(こしん)の弥陀

（遠羅天釜(おらてがま)／白隠(はくいん)）

●苦悩をうすめて、磨きをかければ、誰もが仏

親鸞は、嘆き悲しむ大衆に、現世の極楽を説くことは断念せざるを得なかった。現世はどうにもならなくても、来世に極楽がある。念仏十念でそこへ行けるんだ。この親鸞の教えによって、当時の人の苦悩や悲しみは、根こそぎ断ち切られた。来世の極楽！　これは、たとえ実在でなくても、わたしたちの心の中には実存する。わたしたちは、明日に明るい夢を持つことによって、今日の現実を生きられる。ただし極楽だけでなく、仏についてもこの世を去った人を仏というが、実は仏とは、いまこうして生きている自分が仏であることについても、学び直してみたい。

総に是れ吾が己身の弥陀

白隠（一六八五―一七六八）は、自分の足・腰・腹・指・呼吸など、すべての活動力が、自分の仏であると、いっている。いままで仏さまとは、この世を去った父や母とばかり思っていた。が、苦悩をうすめて磨きをかければ、自分が仏となる。

37

一日でも早く幸福になる

念仏していそぎ仏になり

（真宗聖典）

●外を見るな、自分の内側を見よ

美術的にすぐれた仏像を拝むことは、心を清らかにする、尊くすばらしい修行だ。死者の霊を弔うことも、感謝する心を育んでくれて、これも尊くすばらしい。しかし、親鸞の教えのギリギリのところを学びたいなら、この思考のパターンから抜けて、ほんの少しでも、「仏」と「極楽」の真理を見つめ直さないといけない。死後の極楽より、もっと大切なものは、生きているいまの現実の極楽ではないか？死後の仏よりも、もっともっと大事なものは、いま、自分が仏になることだ！

念仏していそぎ仏になり

見逃してはいけない親鸞の貴重な言葉である。親鸞は、念仏して、一日も早く自分が仏になれ！と叫んでいる。不安や焦りや怒りや憂鬱な心を、一心に念仏をして治め、安らかな楽しい心で、自分のため、人のために、「極く楽」に生きる仏になれ！外を見るな！自分自身に立ち返れ！自分の内にこそ、仏は宿る。

38

仏ともっと身近になる

南無無量寿如来

（正信念仏偈）

●「南無阿弥陀仏」の意味とは？

阿弥陀如来の「アミダ」と「如来」の元の意味を調べると、仏が身近になる。

まず、アミダはどこから生まれたかというと、サンスクリット語の、アミターユス（無量寿）、アミターバー（無量光）である。

この二つの言葉のアミタという音をとって「阿弥陀」という漢音を当てた。

つぎに、如来である。如来は、サンスクリット語の「タターガタ」を漢訳した。

タターガタとは、「宇宙から来たもの」という意味だ。

南無阿弥陀仏の「南無」は、サンスクリット語の「ナマス」の音を写したもので、敬礼という意味である。

南無無量寿如来

これは、まったく南無阿弥陀仏と同じ意味だ。「ああ、宇宙からやってくる永遠で、すぐれた徳と明るい知恵をもたらす生命よ！　心から敬愛します」となる。

39

この体全体が仏なり

この身即（すなわ）ち仏なり

（坐禅和讃／白隠）

●坐禅も、念仏も、いま生きている今日のため

親鸞は、「父母の孝養のためとて、一辺にても念仏まうしたること、いまださふらはず」と、いう。

親鸞は、「あの世に去った父や母に孝行するために念仏したことは、一度もない」といっている。死んだあとの世界には、あまり関心を示していない。ただ、念仏は、自分を生んでくれた父や母に、感謝をささげないという気持ちではない。日常を穏やかに生き抜こうとしている現実の人間の修行である。悩みを取り去って、仏像のように光を放つ人間になるために、念仏するのである。

この身即ち仏なり

白隠も「坐禅和讃」で、この体全体が仏だ……と、明言している。死んだあとの世界を安らかにするために、坐禅をしているわけではない。今日一日が、好日となるため、坐禅する。坐禅も念仏も、いま生きている穏やかな今日のためだ。

第二章

なぜ他力なのか?
仏さまの力を教えてくれる親鸞の言葉

40

手足が自在に動く、なんと不思議なことか

業力不可思議

（教行信証）

●その力の大元はどこにあるのか？

万年筆のフタを、クルクルと、指がまわしてくれる。

用紙に一字一字書くのにも、それは、それは、とても、器用に手先が動く。

今日まで、いったい、どれくらい歩いたか？　ほんとうに、大変だった。みなさんにお話し申し上げているときも、ずーっと、立ちっぱなし……。

パソコンの文字をどんどん読む目。いつも、いつも、細かい文字の連続……。

毎食、歯でかんで、胃で消化、腸で栄養にしてくれている。

業力不可思議

「業力」とは、行動とか活動の意。人が生活していくため、体のあらゆる部分が、調和よく行動してくれている。「不可思議」とは、不思議のこと。いくら考えても、その力の大元は、どうにもわからないこと。親鸞は、そのつかめない偉大な宇宙の生命の力が、いつでも、どこでも手助けしてくれているから、生きているんだぞ……と。

41

人間として、人間らしく生きる

仏恩の深遠なるを知る

（教行信証）

●奥深くはかりしれない力の存在

人間として、人間らしく生きるとは、いったい、どんな心で生きることなのか？

人間も、動物とまったく同じ生命の働きで生きている。

ただし、人間は、動物にはない生命の働きも、持つ。そこが、ポイントだ。

人間が、動物と違う一点を見つけてこそ、人間として、人間らしく生きられる。

自分の生命は、自然の生命であり、もっと大きく考えると、宇宙の生命である。その事実を発見し、その恵みに感謝できることこそが、人間だけにできる行為である。

仏恩の深遠なるを知る

「仏」とは、宇宙の生命。「恩」とは、恵み。「深遠」とは、奥深くて、たやすくはかりしれないこと。親鸞が一生をかけて、一般のみんなに説いたことは、こうだ。仏教の教理を修行する時間がないなら、宇宙の生命が、奥深くはかりしれない力で、二本足で立つ人間をいかに鍛え育てようとしているか、その心を知れ！　と。

42

足りないものは一つとてない

智船(ちせん)に乗ぜしめる

（教行信証）

●「いのちの波動」を上げよ

宇宙の生命に感謝すると、宇宙がその人の人生をあたたかいほうへ向けてくれる。

そんなことは、信じない！　という人が、あっても当然だ。

しかしどうだろう。宇宙の生命がその人を守ってくれることは信じられなくとも、感謝と人間関係のしくみはわかるだろう。

いままでまるで面白くなかった人生も、感謝の心のフィルターから見直してみると、人生の楽しみがどんどん発見され、いつの間にか、いのちの波動が上がってくるし、自分の人生が、楽しく明るくなるような考えが、どんどん引き出せるようになるだろう。

智船に乗ぜしめる

何かほしいものを宇宙からもらって感謝するのじゃない。耳が聞こえる。食べられる。呼吸している。人が生きている体の働きが宇宙の生命からもらったプレゼントだ。

あなたはそのままで、宇宙の生命の知恵の船に乗って生きている。

43

自力にこだわる人に明るさなし

自力修繕はかなうまじ

（悲歎述懐（ひたんじゅっかい））

●「いつも悲鳴をあげて人生を送ることになるよ」

「まだ、努力が足りない」

「もっと、がんばれる。やろうと思えば、なんでもできる！」

とにかくよいことをしよう、人から「よい評価を受けよう」とばかり。

こういう人生は、うっかりすると、仕事のしすぎで、体がボロボロになる。

もう、限界を通り越しているのに、自分ではいっこうに気がつかない。

疲れがたまると、集中力が下がる。気を引きしめて、仕事ができなくなる。

ふと、ミスをする。たった一度のミスでやる気が出ない。立ち直れない……。

自力修繕はかなうまじ

親鸞は、自分だけの力でがんばろうとすると、いつも悲鳴をあげて人生を送ることになるよ……という。

自分の力だけで生きる。自力の世界には、どこかおおらかさと明るさが、ない。

44

感謝は心に春を呼ぶ

衆禍（しゅか）の波転ず

（教行信証）

●不安の荒波の乗り越え方

どこの売り場でも、計算機を打つ指の速いこと！　あの指を動かしているのはだれ？　あなたですか？　あなたのお父さん？　お母さん？　だれ？

それは、三十億もの塩基でできているＤＮＡが、精妙で偉大な人知を超えた力を発揮して、指をあんなに速く、しかも、間違いなく動かしている。いま科学だけが、遺伝子工学の研究によって、人体全部を動かしている宇宙の生命を知った。親鸞は、その生命を発見しただけではなく、その力に感謝すると、悩みが消える事実を体験。

衆禍の波転ず

親鸞はいう。宇宙の偉大な生命を発見し、感謝をするのは、人間にしかできない。その感謝の言葉「ナムアミダブツ」を真心をこめて一心に唱えると、いまあなたを襲っている荒波のような不安や危機感が、海岸に静かに倒れていく春の波のように、安らかに流れ去っていくよ……と。

45

友は天からの贈り物

見て敬い、得て慶べ

（末燈鈔）

●いのちはいつか終わるもの。だから――

友が、死んだ。兄弟が、死んだ。なんと、いのちは、せつなく悲しい。が、一つのいのちの終わりが、わたしに、いろいろなものを残してくれる。わたしがこの上なく尊敬した師がこの世を去ったときは、わたしの人生さえも変現した。一つのいのちが、つぎのいのちに何かを残して、この世を去る。はるか何千万年も前から、生きて死んで、生きて死んでを、ずっと、ずーっと継承して、いま、わたしが、今日を生きている。

そして、もっと、もっと、もっと生きたい。が、いくらそう願っても、ある日、ひそかに人生を終えなくてはならない。

見て敬い、得て慶べ

いま生きている人間のいのちは、ありがたく尊い。他人を見たら、拝むような気持ちで敬愛しよう。その人と親密な友となったら、天からの賜り物として、大喜びする。

46

人は他力で生きている

他力というは如来（にょらい）の本願力（ほんがんりき）なり

（教行信証）

●「自力」とは何か、「他力」とは何か

よく、自力とか、他力とか、いう。

自力とは、自分の力。他力とは、他人の力だと、思っていた。

自分の修行とは、自分の力だけで……。他力の修行とは、他人の力を借りて……。

自力と他力を、そう思い込んでいたのは、恥ずかしいかな、大間違いだった。

他力というは如来の本願力なり

なんと、他力とは、他人の力という意味ではなかった。他力とは、「如来の本願力」であった。如来とは、阿弥陀如来のことである。阿弥陀如来は、「無量寿仏（むりょうじゅぶつ）」という。

無量寿仏とは、永遠の生命を持った仏、つまり、大宇宙の生命であった。

人は、他力で生きている……。この意味は、「人はだれでも他人の力で生きている」ではなく、「人の根本の生命は、永遠の宇宙の生命である」であった。坐禅も自力ではない。「呼吸」という宇宙の生命がしている他力だった。

47

もっと大きな海で遊べ

光明（こうみょう）の広海に浮ぶ

（教行信証）

●「忙殺」されている人たちへ

忙しい！　いそがしい！　イソガシイ！

わたしたちは、「忙しくて大変」な一生を、自分でつくり上げてしまっている。

ちょっと前の時代のほうが、実は、仕事量はもっと多かったが、のんびりしていた。

現代が、せわせわ、せわせわして、落ち着かないのは、仕事量以上に「仕事をしなければ」「がんばらなければ」という考えが、頭の中をひっきりなしに、グルグル、グルグルかけめぐってしまうからだ。

こんな気持ちから抜け出す方法は、たった一つ、「大きな視野を持つ」ことだ！

たった百年のいのちを生きていると思うか、永遠のいのちを生きていると思うか？

光明の広海に浮ぶ

アミダ仏とは無量寿……、宇宙の生命のこと。たとえて「光明の広い海」。親鸞は、小さな池で遊ばない。明るく輝いているでっかい宇宙の生命の海で毎日を生きる。

48

念仏は、あなたを即、幸福にする

南無阿弥陀仏をとなふれば、守り給う
（現世利益和讃）

●感謝は、全身のパワーをかき立てる

アミダ仏とは、宇宙の永遠のいのち、宇宙の永遠の光である。後世になって、アミダ仏は、姿を持つ。が、本来、姿や形はない。目には見えない、尊い人のいのちの大元の、宇宙の生命を、アミダ仏というのだ。その宇宙の生命の名前の「アミダ仏」を、感謝の心をこめて唱えると、宇宙の生命は、「ああ、わかった」といって、その人にいっぱい慈悲の心をそそいでくれる。「南無」は、現代語では、「ありがとう！」。感謝は、全身のパワーをかき立てる。

南無阿弥陀仏をとなふれば、守り給う

親鸞は、いう。「宇宙の永遠の生命よ、生まれてから今日まで、わたしの生活の活動の力を与えてくれて、ほんとうにありがとう！」という気持ちをこめて、「ナムアミダブツ」と唱えると、アミダ仏はあなたのところにすぐ飛んできて、あなたの人生の幸福を守ってくれる。あなたの心に情熱の炎が、ともる、と。

49

美しいものにハッと、ときめく

大悲(だいひ)ものうきことなし

（高僧和讃）

●「本能」とのうまい付き合い方

わたしは、花よりも、やっぱり、女性の姿が、ずーっと美しいと感じている。年も考えず、いやらしい！　といわれても、なんとも思わない。むしろ、こんな年齢になっても、女性の尊さに感動できる自分を、すごくありがたいと、思っている。女性のやさしい言葉は、快い力を生む。歴史に残る名画のほとんどに描かれるのは、女性の美しさであり、無声の永遠の詩である。

美しさにハッと、ときめいたとき、こんな新鮮ないのちの働きよ、ありがとう！　と合掌する。実は、ハッとときめく快い緊張感が、悩みや憎しみから解放してくれる。

大悲ものうきことなし

セクシーな気持ちがあってこそ、男女は仲よく楽しめる。本能的に満足な気分は、みな宇宙の生命の恵み（大悲）だ。本能は下等なものではない。本能をうまく研ぎ澄まし、本能で楽しく仲よく生きる工夫が、もっとも大事だ。

50

心をこめて手を合わせる

真如法性の身を証せん

（教行信証）

●親鸞が説きたかった「生きる喜び」

千年前、「宇宙」という認識は、ほとんどなかった。

「自然」は、わかった。が、宇宙について考えることは、ほとんど、なかった。

だから、宇宙の生命を、無量寿とか、アミダ仏とか、如来といった。

今日では、かえって考えられないくらい「宇宙」が、身近なものになった。

アミダ仏というよりは、宇宙の無限の生命といったほうが、理解しやすくなった。

親鸞が説きたかったことは、人の生命活動の一切が、宇宙の無限の生命とかかわり合って変化し、成長し育っていることを、感謝し、自覚して生きる喜びであった。

真如法性の身を証せん

宇宙の無限の生命を「真如法性」という。頭のてっぺんから、足の爪先まで、さまざまな働きを「真如法性」がしてくれている。その宇宙の生命活動は、肉眼では見えない。が、心をこめて感謝合掌すると、生きるための適切な知恵を与えてくれる。

51

仏さまは、誰も、ひいきしない

如来の加威力（かいりき）による

（教行信証）

●「自分だけが得しよう」が世界を地獄にする

人間だけに、みんなで「よくしよう」という考え方がある。みんなでハッピーになるため、みんなで力を合わせ「よくしよう！　よくしよう！」と、夢中だった。その努力のおかげで物質が豊かになり、科学も発達して住みよい社会が生まれた。が、困ったことに、時代が進むにつれて、みんなではなく、「自分だけが」よくなろう、「自国だけが」よくなろうと変わってくる。

自分だけがよくなろうとすると、人同士がなじり合い、攻撃的になってくる。自国だけがよくなろうとして、他国を「許せない」と、殺し合いの戦争だ。

如来の加威力による

意味は、世界の一人ひとりが、宇宙の強大なすぐれた力で生きている。宇宙の本願の力は自分だけに働くわけじゃない。特定の国家を応援しない。どの人どの国にも、平和と幸せの花が咲くように、輝きわたる光と、有益な知恵を発信している。

52 みな自分を見ているようで、見ていないのだ

いずれの行(ぎょう)も及びがたき身

（教行信証）

●人は結局、他人と比べてばかりいる

わたしは、不完全な人間だ。みんなより劣っている。
わたしは、生まれつきがよくないから、これといった才能がない。
ときどき、こんなふうに自分を悪く思ってしまう。
どうして、不完全だなんて思ってしまうのだろうか？
どうして、才能がないだなんて、考え込んでしまうのだろうか？
そのとき、自分が、自分を見ているようで、自分を見つめていないからだ。
他人ばかり見ているのだ！　他人と比較して、ダメな自分だと思ってしまう。

いずれの行も及びがたき身

親鸞は、自分は何をやっても、何もできない（及びがたき）人間だとハッキリ思っている。だからこそ、ナムアミダブツと唱えて、宇宙の生命にぐんぐん育ててもらっている。宇宙の生きる力を目覚めさせ、自分の主体を生きている。

53

目に見えない恵みにまで感謝する

真如一実の功徳宝海なり

（教行信証）

●その花は誰が咲かせているのか

花が、パッと、やさしく咲く。
太陽の光が当たって、輝き、風が流れて、静かに笑う。
花はだれが咲かせているのか？　自然の力だ。それはわかる。が、力は見えない。
花のいのちは、根っこから、生まれる。根っこは、見えない。が、働いている。
根は、真っ暗闇の中で、光も見ないで、じっと大地から栄養を吸っている。
お花畑の土の中で、何本も数えきれない根っこが、黙って働いている。
世界の森で働く根っこ。ジャングルまで！　根っこは宇宙のでっかい生命の働き！

真如一実の功徳宝海なり

地球上の生命は、宇宙の絶対の生命（真如一実）の力によって活動している。そのご利益(りやく)で、この世の人は宝の海にいるように、自然から恵みを受けて生活している。その真如一実の大きな力は、見えない。が、それを名づけて、アミダさまという。

54

心で感じたものを信じなさい

信心を金剛心（こんごうしん）という

（末燈鈔）

●親鸞が教える「負けない心」のつくり方

人間は、他の動物とは比較にならない「すばらしい信ずる心」を持っている。世の中では、すぐ、頭で優劣をつけてしまうが、人の価値は頭の働きだけではない。親鸞がいうすぐれた心とは、自分の生命が宇宙であることを、信じられる心だ。もし、宇宙と同じ生命で生かされていることが信じられると、いま、こうして生きていることに、深い喜びを感じるようになる。そのとき！　感謝の気持ちが湧き上がる。感謝の心は、愛を生み、愛は、微笑みを生む。そのとき！　海より壮大なものは大空である。大空よりも壮大なものは、自分がいま、ここに生きていることだと気がつく。

信心を金剛心という

宇宙の生命の偉大さに感謝し、その力を深く信じて生きられると、まわりの環境にこわされない自分の心（金剛心）にハッと目覚める。自分の心が一つの大きな世界となる。宇宙の大きな世界を自分の心の内側に見出す。そして自信と自由を、つかむ。

55

宇宙に思いを馳せてみる

念(おもい)を難思(なんじ)の法海(ほうかい)にながす

（教行信証）

●「個性」や「個人」も大切だけれど――

近ごろ、みなさんが、わたしの「個性」を大切にしてくれる。むかしならちょっと変わり者のわたしの「個性」を、大切に守ってくれる。実は「個性」「個人」は、わたしが育った戦争中には、認められなかった。いま思うと、戦後教育の中で、個性や個人が守られるようになったのは、うれしい。ただ、このごろ、あまりにも自分だけを大事にしすぎて、苦しくなっている。いつの間にか、自分の努力だけで、自分の考えだけで生きていた。そして……。自然の力、宇宙の生命力など、まったく考える隙間がなくなっていた。

念を難思の法海にながす

宇宙の生命の偉大さ尊さを考えないのは、実は、個性や個人を大切にする現代のわたしだけではなかった。いつの時代でも、なかなか考えのおよばない（難思）、広く大きな真理の海だった。親鸞は、みなに宇宙の生命の海の尊さを考えよ！　とさけぶ。

56

人間として生きられることに感謝する

娑婆（しゃば）世界いたるほど護念（ごねん）す

（親鸞書簡）

●「宇宙は人間を生み出すために、進化してきた」

右の見出しはロバート・ディッキーというアメリカの宇宙論学者の言葉。

宇宙は、いまから、一三七億年くらい前に出現した。

まったく、想像すらできない、長い長い遠い時間をかけて、能力ある人間が地球だけに登場できたのは、宇宙のすごい力を発見するためだった、というのだ。

親鸞は、いう。アミダ（無量寿無量光・永遠の生命と永遠の光、つまり宇宙の生命）を発覚し、感謝の気持ちでナムアミダブツと唱え、宇宙の生命の活動力と手を結んで生きなさい、と。まさに親鸞は、金色に輝く宇宙の心を見ていた！

娑婆世界いたるほど護念す

自分が、いま、こうして人間として生きられるようになるまでの時間は、約一三七億年もかかっていることを、いつも深く自覚して、今日一日の宇宙のいのちを、ありがたく生きる。

57

仏さまと手を結んで成長する

仏智（ぶっち）不思議と信ぜさせ給へ

（末燈鈔）

●オンリーワンの自分を見つめて生きる

ロバート・ディッキー博士は、「宇宙は自分を観察してくれる人間という存在を生み出した」というふうに、考えてもいる。

宇宙は、人間が考えることができないくらいのすごい力を持っている。が、宇宙そのものは、宇宙自身の力を知ることができない。そこで、宇宙は、宇宙の力を観察し、そのすばらしい偉大な生命を賛美できる人間を造り出した、という学説を提唱した。

宇宙は一三七億年かけて、宇宙の力がわかる知的人間へ進化させてきた、という。

仏智不思議と信ぜさせ給へ

「仏智」の「仏」とは、無量寿・無量光。宇宙の生命だ。「智」とは、活動する知恵、創造する力だ。人間に与えられた宇宙の知恵、創造力の偉大さは、いくら考えても考えきれない。そんな無限大の生命を信じ手を結んで、ナンバーワンではなく、オンリーワンの「素敵な自分」を見つめて生きる。

58

すべては、仏さまのはからい

弥陀の御はからいとみえて候

（しのぶの御房への書簡）

●「人間は、宇宙の意志によって、生まれた」

「宇宙は、無限無大の偉大さを知らしめるため人間をつくった」

京都大学の理学博士、桜井邦朋（くにとも）先生も、そう語っていらっしゃる。

あらゆる生きものが、宇宙の力の価値を発見し、その力を利用して、より豊かに生活することができるわけではない。

しかし、人間だけはできる。なぜか？　宇宙の力を発見できる人間を、宇宙がつくったからだ……と。桜井先生は、また、こうおっしゃる。

「人間の生命は、宇宙の意志によって、生まれた」……と。人間のすべての活動は、宇宙の意志によって行なわれている。あなたの体に宇宙の大きな生命が、ある。

弥陀の御はからいとみえて候

親鸞は、いう。ナムアミダブツと唱え、宇宙の生命に感謝し、宇宙からたくさんの生命の働きをいただけるのも、実は、弥陀（宇宙の生命）のはからいである……と。

59

自分のものなど、何もない

真実信心を得たる人をば如来とひとし

（末燈鈔）

●常に「おかげさま」と感謝する

自分の力なんて、なんにもなかった。歩くのも、立つのも、話すのも、聞くのも、泣くのも、笑うのも……。よーく、静かに、しみじみ考えてみると、「考える」のも、大自然の力だった。見る力、味わう力、みな大自然・大宇宙のおかげさま！

そんなことが、いまさらになって、ポッポッとわかりかけてきた。

大自然・大宇宙に、そのことを、深く感謝して、ナムアミダブツと唱える。すると宇宙が、わたしを守ってくれる。だれでも、みんな大宇宙に守ってもらって生きていることを自覚する。あなたは信じられなくても、いい。が、事実だ！

真実信心を得たる人をば如来とひとし

わたしは、「如来」といわれると、自分とは別の存在と思ってしまう。親鸞は、自分が大宇宙の生命力で生きさせてもらっていると、頭のスイッチをポンと切りかえ、自分の生命活動を宇宙の真実として自覚している人を「如来」というのだ……と。

60

とらわれず、とどこおりなく、障りなく

無礙（むげ）の大行（だいぎょう）なり

（教行信証）

●もっと、でっかい世界に安住する

宇宙の生命力で、宇宙と一つになって、今日一日を生きるのを、楽しむ。

宇宙の偉大な生命の力によって、体が快く活動してくれることを、喜ぶ。

人間社会だけに生活するのではなく、宇宙というでっかい世界に、安住する。

宇宙の生命の「定め」を理解し、それをそこなわないように、仲よく生きる。

もとより、わたしたちが努めなければならない、いちばん大切なことは、自分の苦しみをやわらげることであろう。

自分を悩みや苦しみから解放したいなら、自分に内在する宇宙を探索することだ。

無礙の大行なり

親鸞は、宇宙（無量寿・無量光）に感謝の念仏をして、毎日を生活することを、「無礙の大行なり」といっている。「無礙の大行」とは、何ものにもとらわれず、とどこおりなく、障（さわ）りのない自由自在のすばらしい大人生を送ることだ。

第四章

善とは、悪とは？
〝悪人〟までも救ってくれる親鸞の言葉

61

悪から遠ざかる

いわんや悪人をや

（歎異抄）

●「歎異抄」の中の、名文中の名文

善人なおもって往生を遂ぐ
いわんや悪人をや

「歎異抄」の中の、名文中の名文。長い間、これこそ親鸞の教えか！ と思っていた。善人でさえ救われて浄土に行けるのだから、まして悪人はなおさら浄土に行ける。「悪いことをするほうがよいのだ」みたいな親鸞の宗教は、信じられなかった。が、それは勉強不足。「歎異抄」は親鸞によってではなく、親鸞の弟子「唯円（ゆいえん）」によって書かれたものだった。なるほど、親鸞はそんなことはいっていない。悪いことを思いのままやりながら念仏するのは、けしからん！ と親鸞は、叱る。

いわんや悪人をや

「悪人は、なおさら極楽へ行ける」……とんでもない。「悪を好む人をば、慎んで遠ざかれ（末燈鈔）」。悪人には近寄ってもいけない！ これが親鸞の教えだった。

62

いま苦しんでいる人を、まず救え

水に溺れたる人、偏(ひとえ)に救うべし

（観経疏(かんぎょうしょ)／善導(ぜんどう)大師）

●極楽へ行ける人、行けない人

悪人こそが、救われる。親鸞の宗教の目玉である。この言葉は、恐ろしい。危険だ。なぜか？　悪人こそが救われる！　じゃ、悪いことをしたほうがいいんだ！　朝から酒をくらって、どなりまくって、欲の皮がつっぱって、盗みをして、これで、極楽へ行けるか？

念仏をしようとも思わない。宇宙の生命のありがたいことへの感謝もしない。そんな人が、一度や二度ナムアミダブツといっても、極楽の人にはならない。

水に溺れたる人、偏に救うべし

水に溺れた人を、まず、救え！　岸の上にいる人は、救わなくていい。岸の上にいるのが善人で、溺れている人が悪人ではない。仕事がない。職がない。人生に夢などとても求められない。今日一日が、食べられない。そんな苦しさと絶望にあえぐ人たちを「溺れたる人」という。悪いことばかりしている悪人は、救えない。

63

誰でも救うし、誰でも育てるのだ

弥陀(みだ)の摂と不摂とを論ずることなかれ

（教行信証(きょうぎょうしんしょう)）

●如来のような心で生きる

真如一実の力、アミダと、手をとり合って、いっしょに、仲よく生きる。

真如一実の力、アミダに、グチや悩みをとってもらって、楽しく生きる。

真如一実の力とは、差別なく区別なく、一人残らず幸せにしたい宇宙の願力である。

親鸞はこの誠心をもっとも純粋に実践し、各地で不幸な人や病人の心を安らかにした。うっかり悪いことをしてしまった人にも、その人の人間としての値打ちを少しも損することなく、人間の奥深いところに眠っている宇宙の無限の光を説いた。

そのときも、「悪いことをしたほうがいいよ」とは、一度だって発言していない。

弥陀の摂と不摂とを論ずることなかれ

アミダ如来は、「この人は救ってやる。この人は救ってやらない」……そんな態度はとらない。どんな人でも、救う！　どんな人でも、育てる！　これが如来の心だ。宇宙の意志だ。成功した人も、失敗してしまった人も、呼吸は、同じではないか。

64

人間に区別なし

僧に非ずあら　俗に非ず

（教行信証）

●親鸞が「わたしは僧ではない」と断言したワケ

親鸞は、お葬式や年忌法要は、一生を通して、ただの一回もしていない。だから、自分は「僧に非ず」、自分は僧侶ではないと、はっきりという。また、世間にあって、一つの職業も持たなかったので「俗に非ず」という。

しかし、僧侶が葬式や年忌法要をすることを批判的に見ることはしていない。葬式や法要で寺院に人が集まり、国宝の仏殿や仏像が守られ、廃仏毀釈（はいぶつきしゃく）にあっても、仏教の伝統を今日に伝えた僧侶の宗教行事の実践はまことに尊いのだ。

僧に非ず　俗に非ず

他人・他国への想定外の過剰なバッシング。異なる考えを持つ人を、許せないとたたきつける。親鸞は、僧侶とか俗人とか区別しなかった。人の生命は宇宙のもの。多種多様に生きても、みんなが同じ生命に生き、同じ宇宙の本願に守られて育てられている。これが親鸞の差別の中の絶対平等の宗教哲学だ。

65

わたしが女性を愛したのは、宇宙の意志である

行を迴施したもう

（教行信証）

●僧でありながら妻子を持った親鸞

僧は結婚してはならぬ。あのころ、僧が妻帯したら僧として生きていけなかった。が、親鸞は千年以上守られてきた僧侶の厳しい戒律を破って、堂々と、結婚した。エッ！　みんなびっくり。僧侶たちからも、あれ狂う大波のように、けなされた。結婚の破戒が原因で、親鸞は、越後に流罪。妻の名は、恵信（えしん）。親鸞は僧侶の世界から追放され流罪の生活の中で、長女昌姫（まさひめ）と、長男善鸞（ぜんらん）を授かる。放免ののちも、第三が、明信（みょうしん）。第四が、有房（ありふさ）。第五が嵯峨（さが）姫。第六が弥女（いやにょ）（覚信尼（かくしんに））と計六人の子供を持って、念仏の信仰を説き、人びとの心を揺さぶり、革命しつづけた。

行を廻施したもう

その主体的生き方がみんなの心をつかむ。なぜ固く禁じられた妻帯ができたか？

親鸞はいう。わたしが女性を愛したのは、宇宙の意志だ。わたしが子供に恵まれたのも宇宙の恩恵だ。妻帯は、宇宙の生命がそのように仕向け（廻施）てくれたのだ！

66

感謝が悪人を変える

悪を転じて徳をなす

（教行信証）

●この尊さに気づくだけで人生は成熟する

人は、みんな自然の生命のおかげで、生きている。

だれもが、自然の大きな生命によって、育まれている。

事実は、自分だけじゃない。それを親鸞は、なぜ、自分一人のため！　と説くか？

それは、自然の生命の力を発見し、自覚して、いつも自然と心を結ぶように生活していると、ふと「あっ、自然は自分一人のために……」と思えてくるから……。

自分の生命を、宇宙へゆだねることで、怒りや悲しみ、痛みが消える。

見ることはできないが、宇宙の生命の尊さを感じると、人生は、ぐんと成熟する。

悪を転じて徳をなす

いままで、自分の生命の価値に無関心であったのに、宇宙の生命が源であったと気がつき感謝したとたん、悪巧みばかりしていた人でも、自分が生まれながら持っていた能力を発揮して、人を思いやる善い行ないをするようになる。不思議な現実だ。

67

善とか、悪とか、消してしまえ

極楽は無為涅槃界なり

（教行信証）

●それは本当に「いい」ことか?「悪い」ことか?

「いいことだ」、でも、それは自分の世界だけのこと。

「悪いことだ」、それもあなただけが、そう思っているだけ!

「いい」とか「悪い」とかがあるから、「悪」を捨て、「いい」ことをして育つ。

でも、あくまで善悪の考えは個人持ち。自分とまったく同じ善悪を持つ人はいない。

自分だけの考えを自分だけで楽しめばいいのに、人は、自分の考えを他人に押しつけようとする。いくらいってもわかってもらえないと頭にきて怒る。一国のリーダーたちも、いい・悪いの考えが合わないだけで、戦争しては、人を殺し合っている。

極楽は無為涅槃界なり

「無為」とは、いいとか悪いとかの考えがない、の意。「涅槃」とは、ふーっと吹き消すこと。一口でいうと、極楽とは、いいとか悪いとかの考えをふーっと吹き消した世界。現実だけを、事実だけをそのまま認め許し合う、穏やかで平和な世界!

68

悪いことを、ひっくり返す

転悪成善(てんあくじょうぜん)の益(やく)

(教行信証)

●ものごとを好転させる力

宇宙の生命の尊さを知る。

それは、幻覚でも、単なる想像でも、非現実的なものでもない。

坐禅でもいい。ナムアミダブツと唱えてもいい。とにかく、一心に修行していると、我を忘れて、ある種のインスピレーションが湧いたみたいな感じで、全身で宇宙の生命を自覚できる。

そこで「わあ、すごい。そうだったのか」と宇宙の生命に感謝すると、いままでは、どうしても苦手だった仕事も、知らぬうちにうまく実行できるようになる。

転悪成善の益

歎異抄でも、「転悪成善の益」を、とくに大切にあつかっている。「転悪」とは、悪い情況がひっくり返ること。「成善」とは、すべてがよくなること。親鸞は、念仏を行じていると、「転悪成善」というすばらしい利益を与えてくれる……と説く。

69

自分の正義を、ひっくり返す

自分の心をひるがえす

（唯信鈔文意）

●悪人であっても、仏さまの前では平等

自分の趣味に合わない人を見つけると、すぐ、ムカムカしてしまう。
自分の価値観や考え方に合わない人は、つい、ののしりたくなる。
そんな気持ちでいると、いつの間にか自分だけは正しいと自信満々になる。
すると、いつの間にか他の人の長所が見えなくなる。
世の中にはいろいろな人がいて健全なのに、多種多様が認められなくなる。
幸いなことに、念仏していると、宇宙の生命と、だんだん一体となってくる。
すると、わたしはわたし、あなたはあなたでいい……という世界が見えてくる。

自分の心をひるがえす

多種多様を認める。どんな意見も、受け入れる。けっして争わない。まずは、「うん、わかった」といえる。親鸞は、いう。「仏の前では一切の人間はまったく平等。たとえ気に入らない人だと思っても、仏の前では平等！　自分の正義を、ひっくり返せ！」。

70

善人も、悪人も、朝から晩まで悩んでいる

よろずの煩悩(ぼんのう)にしばられたる我

(唯信鈔文意)

●いいも、悪いも、決めなくていい

わたしは、善い人だ。じゃ、だれが、そう思っているのか？　「わたし」だけではないのか？　わたしは、悪い人だ。じゃ、だれが、そう思っているのか？　あなたはあなただけで自分は悪いと思っている！

ああ、今日も悩みを抱えて生きている。その悩みは、あなただけのもの。道ゆく他人に、いまあなたが持っている悩みと、まったく同じ悩みを持つ人は、いない。

よろずの煩悩にしばられたる我

人はだれでも自分だけの悩みや苦しみにしばられて一生を送る。そんなもの捨てればいい。が、捨てられない！　そのときだ。合掌し、ナムアミダブツと唱（とな）えて、感謝の心が胸に湧き上がる。と、煩悩が消えだす。人間は、知性を発達させて繁栄することができた。常によりよくなるために、「いい、悪い」を考え選択しなくてはならぬ宿命を背負った。その選択のため、朝夕だれもが悩みつづける。

71

もっと寛大でありたい

心は物にしたがいて移りやすし

（黒谷上人語燈録）

●いま世界中が炎上しているワケ

わたしは、いままで、山本玄峰老師を筆頭に、たくさんの禅の師のご指導を得た。が、一度として、ああしろ！　こうしろ！　と、わたしの短所を叱られたことがない。弁栄聖者の道詠集が縁で、浄土系の師の方のご指導も、仰げた。が、どの指導者も、わたしの間違いや失敗を批判することがなかった。いつも、だれも、深く気遣いをされ、わたしを許し、わたしの気を引き立ててくれた。

心は物にしたがいて移りやすし

「物にしたがいて」の「物」とは、目には見えない自然とか宇宙の生命力。自然や宇宙の生命活動は、ひとときも止まらない。肉体もあっという間に老いる。考え方も時とともに変わる。この世に絶対不変はない。だから、ちょっとした不正義には、もう少し寛大でありたい。有名人の不用意な発言が見つかると、無数の一般の人が、いっせいに人格攻撃をして、世界中が炎上してしまう。が、宇宙は、黙って許す。

72

十念して、極楽へゆく

一生悪をつくれども安養界（あんにょうかい）にいたる

（教行信証）

●悪を重ねないと生きていけなかった時代

親鸞の生きた鎌倉時代……。

武士たちは、相手かまわず、人と人が殺し合って生きた。

自分の人生の夢は持てず、殺すか殺されるかのリスクの中で、生きるために、人を殺し、悪行を重ねた。自分の意志ではなく殺人をつづけた。

母親となった女性たちも、子供を食べさせることができない。戦いにつぐ戦乱！

男は、戦いに駆り立てられて、人殺しの毎日。女性は働く職もなく、一切の収入がない。多くの女性が、産んだ子供を、捨てた。川へ山へ……。涙をのんで殺人！

一生悪をつくれども安養界にいたる

悪を重ねないと生きていけない。親鸞は、大丈夫！　念仏を十念すれば、必ず安養界に行ける。否！　十念して安養界に生きるんだ！「死ねば極楽へ」は、危機に面して苦しむ大衆の生きがいの言葉となった。死後の極楽は、今日一日を明るくした。

73

殺生しながら生きる他ない

邪正(じゃせい)もわかぬこの身なり

（高僧和讃(こうそうわさん)）

●いのちをいただいている自覚はあるか

朝から晩まで、牛肉を食べたり、豚肉を食べたり、さんまやマグロを食べたり、野菜もふくめ、生きものを殺して平気で暮らしながら、自分は善人だと威張っている。

いわし一匹頂戴するにつけても、ああ、こうして、毎日、生きものの生命のおかげさまで、生活しているのか！　毎食、動植物のいのちを殺して生きなくては、一日として生きられない。わたしが生きるには、殺生する悪人でなくてはならなかった。

自分がふと、毎日頭で何を考えていたのかと、冷静に自分の心の奥底を見極めてみると、善人ぶって胸を張って傲慢ではいられなくなった。

邪正もわかぬこの身なり

わたしは、謙虚なようでいて実は自我意識が強く、自分だけは正しい人だと思っていた。高慢な人の欠点は、反省心、内省心がない！　反省心がなくなると、背のびばかりして真実の世界がメチャクチャになって、現実の一断面しか見えなくなる。

74

確信があるなら突き進め

善き人にも悪しき人にも

（恵信尼の手紙文）

●親鸞の教えはなぜ画期的だったのか?

つぎは、親鸞の妻、恵信尼の手紙文である。

ただ後世のことは、善き人にも悪しき人にも、同じように、生死出(いず)べきみちをば、ただ一筋に仰せられ候(そうろう)

親鸞が妻の恵信にいつも語っていたことはこういうことですと、娘の覚信に宛てた手紙の一節だ。

「死んだあとは、善人であっても悪人であっても、まったく同じように生死を離れることのできる救いの道だけを、ただひたすらお説きになっていらっしゃった」……と。

善き人にも悪しき人にも

「善人であっても、悪人であっても」——これこそ、師であった法然聖人の教えた念仏の道であった。それまでの仏教の世界では、「善因善果、悪因悪果」で、「善いことをした人は救われるが、悪いことをした人は救われない」——が、鉄則であった。

75

相手の正義を受け入れる

煩悩の氷とけて功徳（くどく）の水となる

（教行信証）

●正義も「十人十色」

どっちが、いいか？ どっちが、悪いか？

わたしたちは、自分の価値観どおりにまわりを変えたいと、いつも苦心する。「自分だけの正義」を主張するだけで、相手の正義は無視し、許せない。

みんな違っていて、みんながそれぞれの正義を持っている。それを認めず一つの正義に決定できないとイライラする。窓を開いて、日の光を浴びるようなさわやかさで、「こちらこそ絶対に正しい」という考えを捨てない限り、攻撃の炎は消えない。

煩悩の氷とけて功徳の水となる

宇宙の生命には、人間社会の「正義・不正義」の観念はひとかけらも、ない。宇宙の生命と身近に生きていると、自分の正義の意識が、しゃぼん玉のようにパチッと消えて、相手の正義が理解できるようになる。平和は自分の正義感から一歩飛び出せばいい。ただ一歩だけだ。

76

一人ひとりが、それぞれ正しい

世を厭（いと）うしるし

（建長四年二月二十四日手紙）

●「違う」ことを認め合える世界に

自分と同じ考えの人とだけ、熱をあげて、長い時間をかけて、話し合ってきた。お互いにうなずき合って、自分のほしかった知識や情報を、取り入れた。毎日それをくり返しているうち、自分の考えがだんだん確固不動のものとなった。自分は、正しい。すると、自分以外の考えが、認められなくなる。ふと、いつの間にか相手の考えを受けつけなくなって、息苦しくなる。右派は、左派を認めない。リベラルは保守の考えをたたく。保守は、自分の正義を守り通す。東国は西国を批判する。西国は、受け入れない。世界が攻撃の渦！

世を厭うしるし

仲よく、みんなでみんなを認め合って、楽しく生活してください！　これがアミダの生命の誠心からの願い。それが「本願」だ。本願を無視して、善悪ばかりで戦いに狂奔(きょうほん)していると、人間社会がみんなでいやになってしまう報いを受けるぞ！

77

限りなく平和を願って生きる

極楽をねがい念仏を申す

（末燈鈔）

●人間にとって最尊、最高の生き方

なんと、びっくり！　人間とチンパンジーは、九八パーセント、まったく同じ。じゃ、残りの二パーセントは、どこが、どう、違うのか？

人の頭の前頭の部分が、ずんずん発達しただけなのだ。

この前頭部が、言葉をつくりだした。ものを記憶し、それをきちんと体系化した。そのうち、この前頭部が、生命というものを自覚した。生きている！　その自覚。だから、生命が、宇宙と直結していることを発見し、宇宙に感謝することができるのは、人間だけなのだ。のびのび生きられる二パーセントの能力！　嬉しい。

極楽をねがい念仏を申す

人間社会を極楽に楽しく生きたい……。そのために、宇宙に感謝し、みんなで手を取り合って、仲よく生きよう！　これは、人間にとって、最尊にして、最高の生き方ではないか！　宇宙の生命に愛されてこそ、人間がみちがえるようによみがえる。

78

悪はエスカレートする

悪は思うままにふる舞う

（末燈鈔）

●夫婦になって三年も経つと――

すごく、のんびりした、おおらかな女性だった。

彼女は、綿菓子を食べているように、甘く、やわらかく、やさしかった。

そんな彼女を、すばらしいと思った。そんな彼女が、好きでたまらなくなった。

両親に頭を下げ、結婚してもらって、子供を産んでもらった。ありがとう！

が、子供が成長して厳しく教育をしなくてはならないのに、彼女はやさしすぎる！

「きみの教育は、甘い！　やさしすぎる。もっと、ピシャリと厳しくしろ！」

ちょっと待て！　あなたは、おおらかで、やさしい彼女に、ほれたのではなかったか？　悪気はなくても、相手を傷つける言葉を口グセのように発言し、安全を失う。

悪は思うままにふる舞う

夫婦になって、三年も経つと、欠点や弱点を平気でいい合う。悪口をいう前に、合掌してナムアミダブツと唱え、初心の愛にめざめて、二人の楽しみを見つける。

79

随時、大自然に立ち返る

南無（なむ）は、帰命（きみょう）なり

（書簡集）

●人は自然の支えがなければ生きていけない

「死ね！」「消えろ！」「うざい！」「キモイ！」

こんな恐ろしい言葉を、中学生たちが、日常語のように、ぶつけ合っている。かわいそうだなあ！　気の毒だなあ！　と、心が痛む。

どうして、そんな不幸な子供たちに育ててしまったのか？　わからん！

が、たった一つ。現代人が、あまりにも人間だけを尊大に考え、自然とつながって、大自然のおかげで生きていることを、忘れすぎた点があるのではないか！

自分だけで生きている。大自然の恩を無視すれば、「思いやり」の心は、消え去る。

南無は、帰命なり

親鸞は、「南無」は、「帰命」することだと、いう。「帰命」の「命」とは、大自然のいのち、大元のいのち、宇宙の生命。だから、南無帰命とは、元の大自然のいのちのすごさを発見し感謝することだ。そんなものがあるのか？　ある！　きみの舌だ。

第五章

一心に生きよ

日々を悠然と過ごすための親鸞の言葉

80

いま、やれることをやればいい

善根心々廻向せしむ

（信巻）

●親鸞が実践した心のコントロール法

自分なりに、力を出し切ってやったのに、結果が出ない。

出ないどころか、かえってやらなければ、そのほうが、よっぽど、よかった。

急に、何もかも、やめたくなる。だれもいない教室の黒板のように、さびしい！

そんなときは、好きなことをやれ！　といわれても、好きなことが、なくなる。

親友と話せば？　楽しくなるよ！　といわれても、たいした救いにはならない。

そんなとき、坐禅をくんで下腹にグッと力を入れてチャレンジ！　坐禅ができなかったら、山か海か大空に向かって、大声で、ナムアミダブツと、唱える。ふと、結局すべては、自然に任せ、いまやれることをやればいいんだ……と、浮かんでくる。

善根心々廻向せしむ

ナムアミダブツと唱え天地自然に感謝をすれば、心の底にある前向きな気持ちが引き出せる（廻向）。親鸞はどんなピンチも、念仏一本で心をコントロールした。

81

いい変化は、じわじわやってくる

功徳（くどく）は十方にみちたもう

（悲歎述懐（ひたんじゅっかい））

●日常生活のあらゆるところにあふれている知恵

宇宙の生命と、人とのしくみは、目には見えないが、実に絶妙にできている。意地悪な人さえ、宇宙の生命の窓口から見ると、急に、なつかしい人にもなる。宇宙の生命に感謝していると、日常生活の波動が、ぐんぐん上がってくる。また、ありがとう、と宇宙と心をむすぶと、その人の心に、愛の心が芽吹く。愛があふれると、体の底からキラキラと人を思いやる新鮮な光が、出てくる。光が、体の底から発生してくるようになれば、心の苦痛がすっと消えはじめる。

功徳は十方にみちたもう

ナムアミダブツといって、宇宙の無限の生命に感謝していると、日ごろの生活のあらゆるところに、じわじわと恵みがあふれてくる。なぜか？　親鸞にもわからない。親鸞は、ナムアミダブツと唱えていた修行中に、いつ、何をしていても自分を守り育ててくれる力を、全身で感じ得たのだ。なぜ？　ではない。実体験だ。

82

「誰かのため」が人生を開く

功徳の宝海みちみちて

（高僧和讃）

●「人のため」が「自分のため」になる

若いころ、「世のため、人のため」なんて、ちょっぴりも考えたことはない。人からよく思われたい……という気持ちはあった。が、「人のため」は、なかった。

大学の卒論で、芭蕉と接したころから、自然が妙に心の中で踊りだした。いつの間にか坐禅の虜になると、でっかい宇宙の生命が少し手に入るようになった。

と、いつの間に、なんとか「人のため」になりたい……と、思いはじめた。

なぜ？　わからん！　が、「人のため」には何もできなかったくせに、ただそう思うだけで、人生がぐんぐん開けてきた。心から、何かをやりたい気分も湧いてきた。

功徳の宝海みちみちて

ナムアミダブツの尊さも、あなたから離れた遠いところにあるのではない。仏さまの手もとにある、というものでもない。現にわたし自身の体に働いて、心にも肉体にも、いろいろな行動力を創生してくれる。

83

素直に信じてみればいい

本願を信受する

（口伝鈔（くでんしょう））

〝愛の賞味期限〟を延ばすには

「いつまでも、いついつまでも愛しつづけます」
とかなんとか、かっこうのいいことをいって、結婚！
男女ともに、永遠の愛を誓って、おめでとう！　おめでとう！
でも、三年も経つと、そろそろ、あきてくる。当たり前の話だ。
愛の賞味期限は、普通、たったの三年だから……。放っておけば愛は三年でダメ！
じゃ、愛の賞味期限を、あのとき約束したとおり永遠にするには、どうしたら？
方法は、たった一つ。信ずること。信じ合うことが、愛を永遠に、する。

本願を信受する

素直に深く信ずる心は、ナムアミダブツと念仏していると自分の中に活動してくる。遠く離れたアミダを信ずるのではなく、ナムアミダブツと念仏すると、心情的に信ずる心が、自分の胸に思い立って湧いてくるのだ。理屈抜き、信じて念仏する。

84

あなたは無条件に愛されている

摂取（せっしゅ）の心光（しんこう）つねに照護（しょうご）す

（教行信証（きょうぎょうしんしょう））

●仏の働きは、母親の働きと等しい

母のそばにいると、なぜか、安心した。気分が後ろ向きになっているときでも、母がそばにいると、ほっと、した。母は、わたしを育て守ってくれた。

自分を育ててくれる人、自分を守ってくれる人がいると、ウキウキして、生活の循環が、とてもスムーズになる。

親鸞は、修行中に、ふと、宇宙の生命がいつもそばにいて、自分を育て、自分を守っている新鮮な力を体感した。それは、慈しみ（いつく）の心に満ちた母の胸のようだった。

摂取の心光つねに照護す

念仏をすると、仏がひとり働きをしてくれる。自分が努力するのではない。こちらで黙っていても、別にお願いしなくても、仏がひとりで働いてくれるのである。

仏の働きは、母親の働きと等しい。自分がこの世に生まれ、こうして育てられたのも、母の無心な働きによる。何も頼まなくても、産み育てて、くれた。

85

念仏で、人生が好転しはじめる

仏号を称念(しょうねん)し、余の善根を修行す

(末燈鈔(まっとうしょう))

●新しい能力がどんどん目覚めるとき

ずいぶん、長い間、坐禅をしてきた。黙って、ただ、ひたすら坐る。

「なんの役に立つのか！」

先輩からも、友だちからも、ずいぶんバカにされた。が、坐禅をしてみればわかるが、坐って静かな時間を持つと、新しい能力に目覚めてくる。

念仏も、そうだ。「ナムアミダブツ」と唱えて、自分の人生にプラスになるか？なるか、ならないか、一度、チャレンジしてみるのも、いい。

快い音のくり返し、しかも、感謝しながら……。いつの間にか、自分が伸びる能力が開けたように思える。自分の得意が、ぐんぐん伸びる。健康な力も、出てくる。

仏号を称念し、余の善根を修行す

ナムアミダブツと唱える（仏号を称念し）と、自分の体の中に眠っていた、すばらしい直感力とか、センス、また体の生命の力（善根）を発揮する修行ともなる。

86

ゆっくり生きたいなら、そうしなさい

これ皆ひがごとにて候(そうろう)

（末燈鈔）

いつかがんばれるときも来る

がんばれ！　がんばれ！

国中が、この言葉にあふれている。

がんばれない人がいる。がんばりすぎて疲れてしまったのだ。

がんばれなくなると、すぐ、ダメ人間にする。そんなとき、気が向いたら、合掌して、端正な仏像に一心に念仏すると、「無理はつづかないよ」「大丈夫だ」「ゆっくり、休めよ」という言葉が、浮かんでくる。

この言葉が、アミダからいただいた言葉だ。思いやりの言葉。慈悲の言葉！

これ皆ひがごとにて候

がんばれない性格の人にがんばれというのは、「ひがごと」、つまり間違いである。のんびり生きたい人には、ゆっくり生きさせてあげたい。とくに、子供のころはのんびり屋さんでも、ふと、好きなことが見つかると、猛烈に、がんばりだすのだ。

87

人が喜び、自分も喜ぶのがいい

自利他利の行成就(ぎょうじょうじゅ)す

（教行信証）

●親鸞が一生貫いた「自利他利」の生き方

自分を犠牲にして、他人のために尽くして生きる。これが「他利」の人間学。戦時中の話ではあるが、自分のいのちまで、国家のためにささげた。戦後になった。こんどは、自分の利益のために働く。「自利」の謳歌！　たしかに「他利」の生活だけだと、だんだん心が病んで、生きるのがつまらなくなる。逆に「自利」の生活だけでも、目的や夢が思うように達成されず、悲鳴をあげだす。

自利他利の行成就す

親鸞は、金山の穴の中で生活している労働者や、山奥で働いている木こりや、炭焼きをしている里人たちの苦しみをなごませるため、説法して歩いた。穏やかな親鸞の声を聞いて、山の民も、里の民も喜んだ。その姿を見て、親鸞も喜び、心が晴れた。そのとき思った。「ああ、わたしは人も喜び（他利）、自分も喜ぶ（自利）人生を究めていこう……」と。「自利他利」の行動！　親鸞は、一生これを貫く。

88

自信で、才能の花が咲く

無上の信心を発起するなり

（愚禿鈔）

●「成功話」を読むより、まず、はじめる

いろいろなことに、手を出して、いろいろなことをやった。でも、何をやっても、ダメだった。

成功した人の話を聞いたり、書物を読んだりして、そのコツを学んだ。が、何をやってもダメな人間が、成功している人の心構えを聞いても、ダメ！

これは、わたしだけのことだったかもしれないが、坐禅をくみだして、自然とか宇宙の生命とかをポチポチ感じはじめたころから、自然を信ずる心が生まれてきた。

すると、学ばなくても、自分自身のねむっていた才能が湧いてきたのだ。

無上の信心を発起するなり

小さな花でもいいから、自分の花を咲かせたかったら、「自分を信じる心」を持つことだ。親鸞は、ナムアミダブツと唱え宇宙のいのちと心を結んでいると、無力な自分が輝きはじめ、「自分を信じる心」が湧き、修行の要領もわかってくる……と。

89

悪いことはつづきやすい、と知っておく

毒もきえやらんに、毒をすすめん

（親鸞書簡集）

●逆境のときこそ、これが効く

「こんなにいい働き場所は、なかなか、ないぞ」。入社して一年、気持ちよく働けた。が、あるとき、大失敗をしでかした。上司から、きつく叱られた。みんなから、急に軽くあつかわれた。心がパタッと閉じる。元気がなくなると、うまくいっていた恋人とも、別れ話となる。あんなに楽しかった職場へ出かける足が、すごく重い。休息しても、よろこべない。なぜか、つぎからつぎへ、つらいことが起こりだす。

毒もきえやらんに、毒をすすめん

毒が消えないうちに、また、毒を飲まされる。こんなときだ！　自分の生命の大元をしっかり見つめて、ナムアミダブツと唱えることだ。一心に……。一心に……。すると、なんとか、うまく生きていく自信が湧いてくる。念仏は葬儀で唱えるものじゃない。面白くないことが、つぎつぎ重なってくる自分の現実の生活の中で、唱える。

90

失敗なんて、なんてことない

義なきを義とす

（慶西房宛の手紙）

●一切はくり返しながら永遠に変化する

人の世界には、時間がある。

宇宙の自然には、時間がない。えっ。宇宙や自然にも、時間があるだろう？ ない！ 宇宙や自然は、時間ではなく、くり返しで、活動している。

はじめがあって終わりがあるのが、時間である。宇宙・自然には、はじめと終わりがない。春・夏・秋・冬と変化して、冬で終わるのか？ 終わらない。すぐ、また春へとくり返す。これを「無始無終（むしむじゅう）」という。一切はくり返して永遠に変化しつづける。

義なきを義とす

「義」とは、はからいごと。いろいろはからい計画を立て、時間にしばりつけられ、一生懸命仕事をやったところで、いいことばかりは起こらない。いいことのつぎは、悪いこと。うまくいったつぎは、失敗する。その二つのくり返しが、人生。一度や二度失敗したって、そんなことでイライラして自暴自棄にならない。

91

気楽にかまえて、明るく生きよ

信楽すれば、摂取の光の中に納めらる
（唯信鈔文意）

●いつも天からのライトに当たっている人

「自分探し」とか「自己実現」とかいって、なんとか素敵な自分を実現したい。けっこうな話だけれども、あまりにも「自分」だけにスポットライトを当てて生きるのは、危ない。

「自分探し」といったところで、いったいどこでどうやって探すのか？

結局のところ、「三年後の自分」「五年後の自分」を想像して、頭の中で自分の好みに合ったライフデザインを描いているだけのことではないのか？

デザインどおり、うまくいけばいいが、ちょっと失敗すると、すぐ心が折れる。が、そんなとき、自然とか宇宙とかにスポットライトを当てている人は強い！

信楽すれば、摂取の光の中に納めらる

阿弥陀仏（あみだぶつ）の加護を信じ、余裕を持って楽しく生活している人は、いつも天からのライトが当たっているので、一度や二度失敗しても、何ら恥ずかしくも苦しくもない。

92

失敗するほど可能性が開く

こおりと水のごとし

（高僧和讃）

●欠点も、劣等感も、あって当然

ヨガをやってみた。が、三か月もすると、同じことのくり返しで、あきてしまう。ゴルフをはじめてみた。練習場に行った。いつまでやってもよく飛ばない。やめた。料理教室も、つづかなかった。自分は、なんて、あきっぽいのか！　劣等感を持つ。すぐあきてしまう。でも、だから自分はダメだとは思わない。みんなあきっぽい。人は、だれでもあきっぽいからこそ、いつも新しいものを見つけて、喜べるのだ。あきっぽい人ほど、今度こんな新商品が生まれたと、喜んで、一歩前へ進む。

こおりと水のごとし

失敗は、つらい。いやだ！　が、失敗が多いほど、失敗に学んで自分に力がつく。親鸞はいう。水が多ければ多いほど、氷もたくさんできるのだと。人は劣等感や欠点をたくさん持っていて「当たり前」なのだ。もし自分を改善したいなら、たった一つ、宇宙への感謝の心さえ育てれば、運命の女神が微笑んで助けてくれる。

93

笑われても、そしられても感謝

疑謗(ぎぼう)を縁として信楽を願力に現わす

（教行信証）

●悲しみのどん底から救ってくれるもの

「善い」という考えにもとづいて、細かな計画を立てても、思いどおりにいかない。まったく予期しなかった事件が起こって、社会が一変する。自分が成長し、いろいろな経験をしていくうち、「善い」ことが「悪い」となる。それでも、一度決めたことは、あきらめずに思いどおりにしたい。が、結局思いどおりにならず、どん底生活をする。強い悲しみに襲われる。世間から友だちから、なぜあんなバカなことをしたんだと、笑われ、そしられる。深い暗い谷へ落ち込んで、悩む。そのときだ！　ナムアミダブツと宇宙に感謝せよ！

疑謗を縁として信楽を願力に現わす

怒りや悲しみのどん底へ落ち込んで人からそしられたとき、それをありがたい縁として、だれでも、どんな人でも救ってくれる宇宙の偉大な力を信じ、ナムアミダブツと唱えれば、慈悲の心があなたに生まれ、パッと明るく楽しい心になる。

94

楽しく生きるのが、仏さまへの恩返し

恩徳(おんどく)は身を粉(こ)にしても報ずべし

(正像(しょうじょう)末和讃(まつわさん))

●わたしたちは生まれた瞬間からお世話になりっぱなし

一瞬でも、自分だけの力では、生きてこられなかった。けさ食べた、バターを塗ったパン、フライパンで焼いた卵のおかげ……。きのうの晩にいただいた、おさしみと、ほうれん草と、トンカツのおかげで生きている。

そして、何よりも、知らぬうちに、いつも働いてくれる呼吸のおかげだった。空気の力も、あった。水の力もあった。太陽の光にも、すっかりお世話になった。空気も、水も、食べものも宇宙から与えられた生命だった。

恩徳は身を粉にしても報ずべし

大自然から受けた恩恵のありがたさがわかって恩返しがしたいと思ったら、海岸ぞいの道を黙って清掃している人のように、だれからも認められなくても、みなが喜ぶことを、うれしく楽しく実行できたら、この上ない「恩返し」となる。愛する女性を思いやり親切にして、彼女が喜ぶ笑顔を眺め楽しく生活できること、それも恩返しだ。

95

自分の体をしっかり見つめる

阿弥陀仏(あみだぶつ)と言ふは、即(すなわ)ち是れ其の行なり

(観経疏(かんぎしょ)/善導(ぜんどう)大師)

●「無心の行為」にヒントがある

たまには、自分の体の働きをしっかり見つめて、ゆっくり考えてみないか。自分の体の働きの中で、自分の意思で働くところと、働かないところがある。こうしようと思えば、そうなるし、こうしようと思ってもどうにもならない……。チョコレートが食べたいと思ったら、買ってきて、口に入れれば、いい。立とうと思ったら、立てるし、坐ろうと思ったら、坐れる。が、夜遅くなって、眠くなったら、もう少し仕事がしたいと思っても、ダメだ。しかも、朝は、起きようと思って起きてはいない。意識しないで、目が覚める。

阿弥陀仏と言ふは、即ち是れ其の行なり

自分の体の動きは、内臓の活動もふくめて、ほとんどが自分の意識や意思と関係なく行為している。呼吸も、そうだ。禅では、それを「無心の行為」という。無心の行為が、宇宙の生命の活動だ。その意識のおよばない活動力を「阿弥陀仏」という。

96

わたしはなんと幸せ者か

念(いのり)を成し怨(うらみ)を結ぶ

(教行信証)

●怒りが喜びに転じるとき

親鸞は、念仏を説いたため、京都を追放され、流刑地の越後へ流された。流刑者には一年は米と塩が与えられた。が、翌年からは穀物の種しかない。親鸞は、荒れ地を切り開いて、種をまき、その作物だけで生活した。見当違いの思わぬ大罪を受け、心の中では怒り狂った。怨みに怨んだ。それでも親鸞は、重い足を引きずって、一軒、一軒、仏教を説いてまわった。雪深いある夜、いま、この世を終えんとしている老婆に、念仏のありがたさを説いた。老婆は喜びの涙を流し「ありがとう」と、親鸞の手を握りしめながら、永眠した。そのとき親鸞は、「わたしはなんと幸せ者か」と思った。流刑の苦難が、喜びに転じた。

念を成し怨を結ぶ

流刑がなかったら、越後でこの老婆の「ありがとう」はいただけなかった。老婆のありがとうが、流刑への「ありがとう」となって、親鸞の怒りが、明るい極楽となる。

97

虎のように悠然と生きる

人倫（じんりん）の嘲（あざけ）りを恥じず

（教行信証）

●そしりやあざけりに耳を貸さない

時代がパッと変わってしまうと、いままで「正しい」とされていたことが、どてんと、ひっくり返ってしまう。それまでうまくやっていた人が、生きづらくなる。

逆に、いままでは、ヤツはダメだといわれた変わり者が、活躍するようになる。

だから、自分が絶対正しいと信じて、他人の言動を許せないと思ってはいけない。

現実は、ひたすら自分が絶対に正しいと過剰に思い込んで、他人とか他国を攻撃する。冷たく排除された人が気の毒だ。

親鸞も、生涯、人のあざけりを受け、そしり笑われ、バカ者といわれた。

が、石窯（いしがま）の石のように、不動心をいだいてびくともしなかった。

人倫の嘲りを恥じず

人が寄ってたかってバカ者とわめいても、親鸞は恥じることがなかった。自分を「愚禿（ぐとく）親鸞」、バカのはげ頭と名づけ、虎のように悠然と生きる。すばらしい！

98

よくぞ人間に生まれてきた！

至徳(しとく)の風静かに衆禍(しゅか)の波転ず

（教行信証）

●苦悩の荒波が静まる、たった一つの方法

自分の生命のエネルギーの源泉について、たまには、考えてみないか！

親鸞は、その源泉を「光明の広海（こうみょうのこうかい）」といっている。ときには、「大悲の願船（だいひのがんせん）」ともいっている。それが、阿弥陀仏でもある。

わたしたちの生命のエネルギーの源泉は、見えないし、名前もないのでいろいろ名づけるが、「無量寿（むりょうじゅ）」という言葉が、いちばん理解しやすいかもしれない。「無量寿」、それは、永遠という意味だ。宇宙の終わりのない永遠の生命だ。

だれもが、この無量寿の宇宙の力によって、はじめて、地球に生まれている。

至徳の風静かに衆禍の波転ず

宇宙の至徳の力によって、よくぞ人間に生まれたものぞ！　ああ、ありがたいと念じていると、苦しみ悩む心が、パッと明るくなる。これが親鸞の教えの要点だ。荒波のような苦悩が、感謝の心の一つで、静かな春の海の小波のように、静まる。

99

そのまま、いまのまま、あるがまま

自然法爾（じねんほうに）

（末燈鈔）

●生きるも極楽、死ぬも極楽

親鸞が、もっとも大切にした言葉が、「自然法爾」だ。

自然法爾の意味は、「もとのそのままでいい」という意味だ。

周囲からどう思われているか、いい肩書きがほしいなどと思って生きると苦しい。

自分はこのままでいいんだ。自分はいまのままでいいんだ。しっかりとそう思って、自分の素性にそって、自分の得意なことを伸ばして、少しでも人のためになる！

早くやるほうがいい人は早く。ゆっくりやりたい人はゆっくり。あるがままでいい。

そのままを生かして、宇宙の生命をいっぱいに生きる。それが極楽に生きるコツだ。

自然法爾

宇宙はちっぽけではない。自然もちっぽけではない。わたしもちっぽけではない。

びくびくするのはよそう！　明るい声で歌うように楽しく念仏をして、いつも宇宙と心を結んで、生きるも極楽、死ぬも極楽！　親鸞の世界は、桜の花が満開だ！

■参考文献

『浄土経典』中村 元／東京書籍
『親鸞「教行信証」を読む』石田慶和／筑摩書房
『親鸞法語私釈』石田慶和／彌生書房
『親鸞聖人の生涯』和道 實／野村書店
『親鸞』末木文美士／ミネルヴァ書房
『決定版 親鸞』武田鏡村／東洋経済新報社
『入門 よくわかる親鸞』武田鏡村／日本実業出版社
『禅浄双修の展開』藤吉慈海／春秋社
『鈴木正三（禅浄）』藤吉慈海／名著普及会
『光明主義講話』山崎弁栄／求龍堂
『妙好人の詩』菊藤明道／法蔵館
『親鸞書簡集』真継伸彦／徳間書店
『聖典 浄土真宗』明治書院
『鈴木大拙の妙好人研究』菊藤明道／法蔵館
『仏教要領十講』椎尾弁匡／大東出版社

本書は、本文庫のために書き下ろされたものです。

境野勝悟（さかいの・かつのり）
1932年、横浜生まれ。円覚寺龍隠庵会首。早稲田大学教育学部国語国文学科卒。私立栄光学園で18年教鞭をとる。在職中、参禅、茶禅一味の茶道を専修するかたわら、イギリス、フランス、ドイツなど西欧諸国の教育事情を視察、わが国の教育と比較研究を重ねる。1973年、神奈川県大磯にこころの塾「道塾」を開設。1975年、駒澤大学大学院・禅学特殊研究科博士課程修了。各地で講演会を開催し、経営者、ビジネスマンから主婦層に至るまで幅広く人気がある。
著書に、『超訳 般若心経〝すべて〟の悩みが小さく見えてくる』『超訳 菜根譚 人生はけっして難しくない』『超訳 法華経 あなたはもっと「簡単に」生きられる』『道元「禅」の言葉』『芭蕉のことば100選』『良寛 軽やかな生き方』『一休「禅」の言葉』『老子・荘子の言葉100選』（以上、三笠書房《知的生きかた文庫》）などベストセラー・ロングセラーが多数ある。

知的生きかた文庫

超訳 こころに響く親鸞の言葉

著者　境野勝悟
発行者　押鐘太陽
発行所　株式会社三笠書房
〒一〇二-〇〇七二　東京都千代田区飯田橋三-三-一
電話〇三-五二二六-五七三四〈営業部〉
〇三-五二二六-五七三一〈編集部〉
https://www.mikasashobo.co.jp
印刷　誠宏印刷
製本　若林製本工場

ISBN978-4-8379-8735-2 C0130

知的生きかた文庫　境野勝悟の本

道元「禅」の言葉

見返りを求めない、こだわりを捨てる、流れに身を任せてみる……「禅の教え」が手にとるようにわかる本。あなたの迷いを解決するヒントが詰まっています！

一休「禅」の言葉

人生のコツは、一休に訊け——人生はいつだって予想外、人の心なんて変わるもの、考えるよりも先にまず動く……「本当に大切なこと」に気づく50話。

超訳　般若心経
〝すべて〟の悩みが小さく見えてくる

般若心経には、〝あらゆる悩み〟を解消する知恵がつまっている。小さなことにとらわれず、毎日楽しく幸せに生きるためのヒントをわかりやすく〝超訳〟で解説。

C30112